L'ATTRAPEUR
D'OMBRES

YVES BERGER

L'ATTRAPEUR D'OMBRES

Le Grand Livre du Mois

Pour Jean-Claude et Nicky,
après trente ans d'une amitié
exemplaire et pour trente
ans encore...

*L'herbe paisse son ombre sur
les versants de grande
transhumance.*

SAINT-JOHN PERSE,
Vents II.

*Alors que deviendrait
Tout ce qui fait le ciel
La lune et son passage
Et le bruit du soleil ?*

JULES SUPERVIELLE,
Les amis inconnus.

C'était un jour où, plus que les autres, l'Amérique me manquait, au point que je me sentais, dans le Vieux Monde où je suis né et où je vis, en manque du Nouveau. En exil. Des merveilles depuis le matin entraient en moi, sortaient de moi, revenaient, rapides à la façon des nuages que le vent prend en chasse, merveilles fiévreuses puisées à mes voyages américains et que la mémoire, qui les avait retenues, activait, là dans la forge des souvenirs dont elle poussait soudain les feux mais je reconnaissais d'autres images, à venir et à vérifier celles-là, toutes issues de mes lectures, de mon savoir, de ma voyance, de ma méditation, appréhension et impatience des choses d'Amérique. Faucon pèlerin a surgi à ce moment où tant de richesses eussent pu me submerger.

De toutes les images qui me font une vie intérieure, le faucon pèlerin celle peut-être que j'aime le plus... Celle dont j'ai le plus besoin, en Europe. Un jour, voici longtemps, mon esprit happa l'oiseau, qui depuis lors, ne cesse de m'habiter. En moi son nid, ses erres, ses pinces. Il m'arrive de me demander : pourquoi lui et non pas l'aigle royal ou le cygne trompette, grands voyageurs eux de même, de plus de poids et plus voyants, de plus vaste volume dans le ciel quand, les yeux fermés, tu les regardes et les écoutes s'ébrouer dans ta tête ? Mystère. Faucon pèlerin. Les autres me traversent mais lui, son aire en moi.

Ignorant alors la date de mon prochain voyage, j'avais donné dans l'accablante pensée que la pesanteur m'affecterait, ma vie durant, et que je n'irais jamais, lourd et lent, qu'à la vitesse de mes jambes... Lui en moi ou moi en lui, comment savoir, j'ai aussitôt traversé les Etats-Unis d'est en ouest, à mon affaire dans le gigantisme des montagnes, des massifs volcaniques, des forêts, des plateaux herbeux, des cirques, des lits de lave, des prairies alpines, du ciel. Moi là-haut, si haut, changé en faucon pèlerin à la seconde où mon esprit le conçut et s'en éprit, dont l'oiseau avait, merveille de l'inspiration, forcé les élastiques défenses, et tellement à l'aise, tellement moi-même et tellement

lui dans ma façon de voyager inédite et fau-
conne (oui, oui...). Voyage inaugural, voyage
initiatique que j'ai refait des millions de fois
depuis, et ce premier jour plusieurs fois,
homme-oiseau avec un savoir d'homme et l'œil
de l'oiseau, spectateur jamais lassé d'un monde
vieux de soixante-dix millions d'années. Moi, si
souvent là-haut, témoin aérien doté du privilège
de la hauteur et de lire dans la pierre, l'herbe, la
terre et l'eau, ivre du bonheur de tant de
graphes à déchiffrer sous mes ailes... J'ai vu, une
fois (mon savoir d'homme ou l'œil de l'oiseau ?)
la gueule d'un cratère s'ouvrir et vers moi monter, qui m'aurait frappé et aussitôt déchiré si je
n'avais vite gagné de plus hautes hauteurs
encore, des roches pulvérisées et des gaz
chauds, puis un nuage épais de plusieurs mètres
à la verticale, si étendu qu'il était mon horizon,
dont je ne doute jamais en Amérique qu'il soit
celui du monde, si opaque et dense que je l'ai
deviné impénétrable et, peur de lui, d'une lubie,
je me suis élevé plus haut encore, jusqu'à l'air
rare d'où, quand j'ai regardé en bas, j'ai découvert un trou si grand que les hommes,
aujourd'hui en courant l'Ouest, dans l'étonnement, font, qui leur prend des heures, le tour de
Crater Lake...

Œil d'oiseau, savoir d'homme... Ce grand

13

voyageur de faucon pèlerin est l'oiseau des exilés. Mon Amérique d'oiseau en Europe. Qu'il prenne son vol, et vole mon imaginaire. Aussitôt. Je lui apporte le savoir, il me donne le regard. Le troc définit nos rapports : mes livres contre tes ailes, à puissance égale, mesurée au trébuchet du besoin, de la confiance et de l'amour. Avec lui je suis sans cesse au Nouveau Monde, à le survoler, à me poser. Avec lui, je voyage là-bas quand je ne voyage pas. Moi, homme-oiseau, avec mon savoir d'homme ravi aux livres et le regard d'oiseau que je lui emprunte, aiguisé aux feux du ciel. A la fois en Est et en Ouest. Les pieds en Europe et la tête en Amérique. Quand je pars, il m'accompagne aux rives de l'Atlantique américaine, jusqu'à la seconde où l'avion aborde aux côtes enfin jaillissantes et là, il disparaît. Je n'imagine pas ce dernier éloignement sans que mon cœur ne se serre et je me demande, à lui : reviendras-tu ? Saurai-je t'accueillir ? Me reconnaîtras-tu ? Ne me trouveras-tu pas changé ? Vieilli ? Trop vieux ? Blasé après tant de voyages ? Et je me demande, à moi : un jour imprévisible (pas si imprévisible que ça...), moins élastique et vibrant ton imaginaire, où jusqu'ici faucon a trouvé son nid et ses points d'envol, saura-t-il revenir et sauras-tu le saisir, toi ? Le garder, toi ?

Faucon pèlerin envolé dans l'exil achevé, je ne me retrouve pas seul. Shadow Catcher lui succède. L'Attrapeur d'ombres. D'aucun pays au monde plus que des Etats-Unis d'Amérique ne montent des lumières mais aucun n'abrite plus d'ombres. Ces ombres en Amérique, celles des morts. Aussi vivantes que les vivants. Quelquefois davantage. Le plus ignorant, le moins sensible des voyageurs les pressent, le plus averti les ressent, sans qu'il ait même besoin, celui-là, de les chercher. Le voyant les voit. Elles courent, se cachent, surgissent, accusent, gémissent. Entre autres. Elles ont beauté et grandeur toujours, force et sauvagerie souvent. Elles auraient pu, au fil du temps, s'effilocher puis s'évanouir tel un vieux souvenir fatigué ou, par rancune, quitter une terre à massacres qui de chacune d'elles a fauché le corps dont elle était, silencieuse et indéfectible, l'ombre. Non. Non et pourquoi ? Parce que quelque chose se cache derrière l'ombre, la porte, la propulse et, paradoxe, pourrait se dire l'ombre de cette ombre quand elle en est l'origine : un corps, un tronc, une tige. Ceux-là, dans notre mémoire bien racinés par les écrivains et les peintres qui, les célébrant ou magnifiant ou condamnant, ont ajouté du volume à l'ombre. A cause, aussi, de l'espace. Ailleurs inexistant ou de dimensions par comparaison ridicules, ou encore en marge des ombres, qui malgré sa vastitude ne le fréquentent pas, l'espace semble fait pour elles, en Amérique, de la même façon qu'à merveille il s'accordait à la multitude du vivant. A la vie foisonnante.

Voici quelque temps que je propose de substituer à imaginer (bien usé, bien vague...) *imager*, c'est-à-dire voir en images, les créer : il suffit d'appuyer sur l'image un peu floue à sa naissance, un peu faible, mal dégagée du placenta cérébral. Alors se précisent les ombres et, comme hier les vivants, on les voit fuir le voyageur (cette course, ce galop, cette reptation, ces bonds...), ou l'attendre, le précéder, le suivre, l'escorter, ombres ici et là, ombres dans l'ombre, ombres qui font lumière, partout à terre, en l'air, dans l'eau, dans l'herbe des prairies et la rocaille des sierras. Des ombres qui ne se gênent pas, ne se heurtent pas, tout à l'ivresse de l'espace sans fin et du ciel sans limites, où l'esprit, qui *image*, cède à la jubilation qu'elles alimentent. Qu'elles alimentent dans ce monde-là de l'Amérique des ombres.

Le voyageur de l'Ouest américain les frôle, les piétine, les contourne, les découvre, les embrasse et, quelquefois, les attrape. J'en ai tenu dans le creux de ma main comme je l'eusse fait d'un petit animal blessé, d'une image fragile, et de leur découverte et de leur fréquentation je suis marqué à jamais. On a coutume de dire des ombres qu'elles hantent. Non, à tant les aimer, à tant penser à elles, loin d'elles, à tant les poursuivre, chez elles, c'est moi, attrapeur d'ombres, qui les hante.

Le voyageur en Ouest, où l'espace et le ciel vont au bout d'eux-mêmes, le plus loin possible jusqu'au bout, en tirant jusqu'à peur de la déchirure sur le tissu aérien et sidéral qui les constitue, ce voyageur de l'Ouest américain vit l'incomparable bonheur de se sentir habité de cela même qu'il parcourt, entré en lui moins par effraction que par contagion et qui le pousse entre jubilation et extase dans un espace sans fin, sous un ciel démesuré...

Imagez...

Comme dans les vignettes romantiques les chasseurs qui, à la tombée du jour, se hèlent, à peine venais-je de regagner l'Europe à l'issue du voyage précédent que des voix portèrent jusqu'à moi, où je reconnus l'appel de l'Ouest.

Empruntant, pour l'essentiel, à la Californie, à l'Idaho, à l'Oregon, au Montana et au Wyoming, elles se ruaient le long d'une piste qui s'ouvrait du sud vers le nord, d'abord la Sierra Nevada, puis la chaîne des Cascades, l'une appendice méridional des Rocheuses, l'autre son flanc occidental, et déboulaient enfin dans peut-être le sublime du sublime, les Montagnes Rocheuses, où s'achève le voyage de l'Ouest qui commence à Los Angeles.

Devinette : quel est, de tous les vivants toutes espèces confondues, le plus volumineux ? Réponse : pas plus le dinosaure hier, l'éléphant aujourd'hui, ou la baleine. Non. C'est le séquoia. Je ne parcours jamais l'Ouest sans lui consacrer plusieurs jours, soit que mon voyage traverse l'un ou l'autre de ses trois royaumes, soit qu'il emprunte aux trois, quelquefois, qui sont, l'un le Muir Woods National Monument à trente kilomètres au nord-ouest de San Francisco, l'autre le Redwood National Park à l'extrême nord de la Californie — le troisième royaume, que j'appelle, parce que les séquoias géants n'habitent pas ailleurs, le vrai, au nord de Los Angeles... Quand il m'a beaucoup manqué, le séquoia, en France, j'atterris à Los Angeles de préférence à New York et Chicago. Pour lui, qui est l'arbre-maître du Sequoia National Park et qui se montre aussi dans le Yosemite National Park, toujours dans la Sierra Nevada, par trois bosquets. Le plus volumineux, je l'ai dit, mais aussi le plus grand, le plus vieux de tout ce qui fait la vie et peuple la vie. En plus, un arbre qui, sur le sujet de la rhétorique, se mêle de culture. Quand j'ai lu, pour la première fois, l'expression « séquoia géant », en américain dans un parc puis en français dans un livre, j'ai sursauté deux fois. Ce n'est donc pas assez offert à l'admiration des hommes que cette hauteur sans autre exemple qu'ils veulent plus haut encore ? Mais non, comme je l'ai appris, séquoia géant est le nom d'une espèce. Au demeurant le plus pacifique des arbres, avec même quelque chose de débonnaire qu'il doit sans doute à un monde qui ne lui suscite aucun rival ni en taille ni en âge, le séquoia est un tueur de pléonasmes.

Par Sequoyah je suis venu aux séquoias. Mon

indianité me compose un ciel intérieur où brillent, inaltérables, les étoiles qui ont noms Tecumseh, Chief Joseph, Crazy Horse, Sitting Bull, Sacajawea... D'autant plus inaltérables que l'Histoire, renonçant à les contester, a laissé la légende s'emparer d'eux. A cette liste, j'ajoute Sequoyah. Un Cherokee. Le plus écrivain et même, tout simplement, le seul écrivain de tous les Indiens, du Grand Nord à la Terre de Feu, dont on sait qu'ils ignoraient l'écriture, Sequoyah comme les autres. Oui, mais lui, par les signes fasciné. Fou de graphie, de la langue anglaise (celle qu'il a sous le nez...), étranger à l'anglais qu'il ne parle pas plus qu'il ne l'écrit, illettré donc et analphabète, il va, sans l'aide de personne, au milieu des Blancs indifférents et des Rouges hostiles, travailler à trouver des symboles correspondant aux sons de sa langue cherokee et, au bout de douze ans dont on peut imaginer *(imager)* la solitude, les épreuves, le découragement, les ombres de la folie, il sort du néant langagier un alphabet ! Le seul homme au monde qui ait jamais conçu et porté à un point pratique de perfection un alphabet, qui se répandra partout dans le Tennessee où Sequoyah est né, dans l'Alabama où il s'est transporté, dans l'Arkansas où il s'est déporté

— à telle enseigne que le peuple cherokee aujourd'hui écrit sa jeune langue (un siècle et demi...) et dans les Blue Smoky Mountains de la Caroline du Nord j'achète (vous achèterez...) le journal cherokee et, afin de les offrir, pour le bonheur, pour le plaisir, pour rien et en hommage à Sequoyah, des dictionnaires anglo-cherokee. Le nom du grand Sequoyah donné à l'arbre le plus grand du monde... Fabuleux ? Fabuleux. Cet Autrichien obscur (très obscur...) Stephan Ladislau Endlicher, qui a baptisé séquoia un arbre longtemps resté sans nom mais trop digne pour demander, cet Autrichien, un grand monsieur.

Moi, avant les séquoias, fou de Sequoyah...

Pour eux et le Sequoia National Park nous (nous : elle et moi) avions quitté Los Angeles par l'Interstate 40 en direction de Santa Monica et, à travers un paysage sans cesse renouvelé de collines douces et vertes, nous avions plongé dans la San Fernando Valley sur la route de Sacramento loin au nord puis, un peu avant le croisement de l'Interstate 405 et de la grande voie qui mène à Pasadena, nous étions, après un bout de chemin sur l'Interstate 5, entrés sur la California 99, que nous ne quitterions pas jusqu'à Bakersfield et la California 65 qui nous mènerait à Porteville, puis à Exeter, aux portes (une heure à peine...) de la première merveille que ce livre va tenter de décrire, au nord de Los Angeles donc et sur la California 198.

Pourquoi cette minutie de comptable ? Pour le bonheur de l'égrenage exotique. Santa Monica... San Fernando... Sacramento... Pasadena... Si vous n'y êtes pas, vous y êtes quand même. Ces noms sont, dans la Californie espagnole, vos faucons pèlerins à vous.

S'il me semble, certains jours, n'espérer rien tant que des choses du monde dans leur révélation singulière, fût-elle brutale, j'aime aussi, d'autres jours, me préparer à elles, les voir de loin alors qu'elles sont invisibles, les *imager* et il me semblait, sur cette route où nous roulions, que je m'apprêtais d'autant mieux aux séquoias vertigineux que rien ne se poussait, en ce début de voyage, vers le ciel.

A l'Européen de l'Europe surpeuplée, l'attrait des routes américaines tient au peu de monde qui les parcourt, lui semble-t-il, qu'elles soient grandes ou petites... Vrai que, désertes, elles paraissent, loin des villes, sillonner un désert. Pour des raisons que j'ignore, nous avions croisé, lors de ce voyage l'an dernier, des camions par centaines et découvert, lors de nos arrêts, de grandes concentrations d'engins — le monde des camions américains, l'un des spectacles les plus forts que je connaisse. On les a vus, impressionnants, dans *Bagdad Café* : le soleil couchant est si avancé, presque couché, que le spectateur ne distingue qu'eux, qui ombrent de leurs masses noires la presque obscurité. On les croirait chus de tout là-haut, d'où peut-être on nous renvoie, sous la forme de camions élégants et monstrueux, tout ce que nous expédions en matière de satellites, cabines spatiales et autres fusées... Pour les avoir observés souvent, et de près, je puis dire qu'ils relèvent de trois catégories, selon le genre de leur capot, l'élément majeur, sinon exclusif, qui les distingue : 1) le capot plongeant ; 2) le capot long et perpendiculaire à la cabine ; 3) le pas de capot du tout et alors l'avant du camion n'est qu'une grande surface verticale, avec une amorce de mufle comme le nez cabossé du boxeur. De quelque catégorie le capot (et le camion avec lui), on ne manquera pas de noter le tout petit espace du pare-brise, souvent fumé de sorte que, de l'extérieur, le chauffeur est invisible.

Cette vitre coupée en deux parties égales par une barre : les deux petits yeux d'un monstre dont le poids varie entre trente et quarante tonnes, son chef caréné d'un coupe-vent et vous revenez, le temps du croisement, aux yeux, qui ne vous regardent pas, qui, d'apparence, ne vous ont pas vu. Les créatures de l'Apocalypse sont sur ce modèle. Habitués que nous sommes, et pour l'ordinaire, à une harmonieuse distribution des éléments du visage, le camion américain avec son mufle (son nez écrasé), ses fentes dérobées, étroites, conçues pour épier (vous sentez qu'elles vous épient...), le camion américain gêne. Il renvoie à une grande peur millénaire, que nous portons encore en nous, enfouie profond dans les couches sédimentaires de notre vieille mémoire et aujourd'hui peu présente, celle de la Bête. A toute allure (120 kilomètres) il vous croise ou bien à vide derrière vous, il tente de vous doubler, il vous double et ce monstre qui souffle et gronde, encore plus monstre s'il est fourgon ou bétaillère, vous le haïssez. Dans *Duel*, on ne voit de la bête que l'arrière et, quelquefois, par éclairs, la caméra révèle un bref espace de cabine, toujours sombre. Dans *Thelma et Louise*, le film qui, de tous les films, assemble le plus des bruits fous qui marquent le monde aujourd'hui (vrombissements, hoquets à répétition, caquetages métalliques, martelages, sifflements, raucités, pétarades que provoquent l'auto, le camion, la moto, l'hélicoptère, la voiture de police...), il inquiète davantage que dans *Duel* si même, une fois, avec ses trains de pneus qui éclatent, il offre le misérable spectacle de l'orgueil dégonflé. Sur les routes d'Amérique, le camion fait battre le cœur.

Là, dans le pays des séquoias, la litanie des marques : White, Kennewall, Peterbilt, International, ou Mack ou Freightliner et GMC, composait d'énormes formes véloces dont on ne voyait et ne retenait que le nez enfoncé ou inachevé ou le résultat d'une chirurgie démente, le nez et les yeux, à peine des yeux, qui dirigeaient sans regarder, peut-être sans voir, peut-être aveugles, comme mus par un songe que le voyageur, tout à coup bien à l'étroit dans sa limousine, ressent comme un cauchemar.

Il ne peut pas ne pas les marier, dans son esprit, à leur contraire : ces machines extractrices de pétrole, innombrables dans les champs que la route longe, constituées d'un bras que termine une espèce de grand nez (s'il est absent sur le camion, il prolifère ici, protubérant...) d'animal préhistorique en provenance de chez Calder et de chez Miró, gros mais il ne court

pas, lui, ne course pas, lui, ne filoche pas...
Avez-vous ralenti ou même vous êtes-vous
arrêté pour examiner ces étranges pompes que
l'autre, derrière, en a profité pour vous rattraper, vous attraper. L'autre ? Le Camion.

Puis nous entrâmes dans la Sierra Nevada par
d'immenses étendues d'orangeraies que survolaient, encerclaient des papillons par milliers et
souvent nous sommes-nous arrêtés dans
l'espoir de découvrir, toujours en vain, le
monarque, le papillon emblématique de l'Amérique. Aux limites d'une orangeraie, une année,
un train de la Fruit National Express ne nous
aurait pas retenus longtemps, sinon, un bref
moment attendris et songeurs, par l'impression
de jouet qu'il donnait, de loin, avec la longue
suite immobile de ses wagons les uns couleur
brique, les autres marron, certains peinturlurés
jaune, n'était que quatre d'entre eux surplom-
baient un maigre pont de bois, fragiles, en
équilibre, sous la menace du bois qui éclate,
s'effondre et les précipite et à peine venais-je de
me demander la raison de cet arrêt scabreux que
je la compris : les hors-la-loi de *Butch Cassidy
and the Sundance Kid*, une heure plus tôt peut-
être, pendant que l'un des leurs forçait le méca-
nicien pétochard à arrêter le convoi, avaient

grimpé le long des poteaux de soutènement d'où ils étaient redescendus, après avoir dévalisé les voyageurs... Ceux-là, il leur prendrait du temps, dans leurs wagons en l'air, pour donner l'alerte. A ce moment, Butch, le Sundance Kid et les autres, tous à cheval, seraient loin. Rassurés, heureux, nous tirant avec peine de la scène et des images qu'elle avait suscitées, résonnantes du cliquetis et du tambour nerveux des sabots, nous reprîmes la route de la Sierra Nevada.

Cette appellation, les Espagnols la trouvaient si belle et juste qu'ils cherchèrent à la répandre partout en Amérique au fur et à mesure qu'ils la découvraient et ils ne butaient pas sur une chaîne de montagnes aux pics alignés et aigus comme les dents de la scie qu'ils ne l'appelassent, à la seule condition que la neige recouvrît les pics, Sierra Nevada. Par bonheur, on a débaptisé à la chaîne (si je puis dire...) donnant à l'imagination, à l'observation et aux mots, leur chance. Il m'arrive de penser que, de la Californie septentrionale au Mexique, les plus hautes merveilles pourraient relever d'une métaphore usée par répétition. J'en frissonne.

Et nous fûmes dans les séquoias.

Par une route à l'intérieur du parc, qui montait, descendait, remontait et nous dérobait l'horizon à peine l'avait-elle révélé, pour nous le rendre et, aussitôt redonné, le reprendre, montagnes russes en Amérique, nous avancions. Il nous semblait, à la suivre, dans son jeu de toboggan et la répétition de ses dos-d'âne que nous l'avions épousée, que nous faisions corps avec elle, qui était elle et son bitume de sorte qu'au lieu de *suivre la route*, nous étions la route et ouvrions, pionniers comme au temps jadis, une voie dans l'espace de cette nature dense d'épineux, de broussailles, d'herbes vertes et jaunes, de fleurs rouges en bouquets, buissons et arbres... Loin devant nous à la faveur d'un dégagement, dans une ouverture de la montagne, une fois, un pic couvert de neige a surgi, pour un court spectacle et, des arbres se profilant devant lui, nous avons cru voir, dont à la réflexion nous aurions pu mourir de beauté (comme on dit de plaisir...), frissonner les hautes franges d'une robe blanche, relevée à mi-montagne... Quelques minutes après l'apparition nous sommes passés sous un monstre de chapeau en pierre qui, chacun de ses bords porté par un pilier de chaque côté de la route, la couvrait — fantaisie énorme d'ingénieur que nous avons scrutée, touchée, détaillée dans des senteurs de balsame et, comme nous en faisions le tour, en perturbant les danses criardes où s'adonnent huppes et geais bleus dans cette nature épaisse d'arbres à grappes blanches, inclinés à flancs de pentes.

Vers Giant Forest Village, qui est le cœur du National Sequoia Park, l'ascension des quelque mille six cents mètres s'effectue entre des séquoias qui offrent cette espèce de réserve raffinée propre aux manants qui ont longtemps servi et de près fréquenté leurs seigneurs et plus nous montions, rois-visiteurs, plus ils se montraient, se pressaient, l'apothéose se situant à l'arrivée dans Giant Forest Village où, au sommet, se tiennent, en ligne, quatre séquoias. Tous bien droits, comme il en va toujours avec les séquoias, bien hauts de leurs cent vingt mètres, ce qui n'est plus une révélation, bien vieux de leurs quatre mille ans et chacun d'eux différent des trois autres. Les voici : l'un, sa base est trouée noire d'un grand feu maîtrisé, le deuxième présente une énorme excroissance à ras de terre ; nostalgique, peut-être, d'une Afrique qui, parce qu'il n'y est jamais allé, est pour lui un rêve qui l'aurait travaillé au corps (on s'abstiendra d'évoquer ici l'esprit du séquoia, dont on ne sait rien...), le troisième pousse des rostres ligneux qui, en la retroussant et convulsant, ont découpé sa surface...

Le quatrième ? Sans histoire, lui-même, c'est-à-dire superbe — séquoia lisse comme la peau, qui aurait mis toute son application à être le séquoia type, le modèle. Rouge brique. Séquoia-splendeur dans la splendeur ordinaire du séquoia.

Splendeur et séquoia que voici : au contraire du saguaro, son cousin en éternité, puisqu'il vit en moyenne deux cents ans (un lointain cousin quand même : deux cents ans contre quatre mille !), le temps ne marque pas le séquoia quand le saguaro, lui, l'accuse dans sa vieillesse. Quand je dis qu'il ne le marque pas, je n'entends pas qu'il ne l'affecte pas du tout, non, impossible, comme on sait, je veux dire que le temps, avec les séquoias, prend son temps, passe sur eux sans appuyer, sans se presser, sans panique, à petite vitesse... A petite vitesse... Rêve en moi que le temps, sur moi, en moi, passe à petite vitesse... C'est ce que je ne pardonne pas à Dieu : je ne lui demandais pas la lune, savoir l'éternité, non, je reste modeste. Il lui suffisait de nous donner un peu plus, disons quatre cents ans au lieu de quatre-vingts en moyenne et sans qu'il eût, pour ce faire, à tout bouleverser, à revenir sur l'homme originel, quatre cents ans c'est quatre-vingts mais à *petite vitesse*, quatre cents ans et nous le tiendrions quitte d'une éternité que nous savons bien impossible... Je les vois, ces quatre cents ans devant moi (un peu moins, aujourd'hui...), tant de projets à mener à bien, de temps perdu à rattraper et alors, heureux, reconnaissant, je crois en Dieu. Il lui eût suffi, comme on voit, de peu de chose : introduire en nous la petite vitesse qui commande au séquoia. Il ne l'a pas fait. Il nous a ratés. Punis ? Mais de quoi, pourquoi ?

Un tronc qui monte, monte (cent vingt mètres...) et dont pour découvrir la cime, il faut s'éloigner, prendre beaucoup de champ. On aurait tendance à ne voir du séquoia que le fût. C'est que sa base (et aussi le fût jusqu'à très haut, où le spectateur hisse son regard) ne tolère ni les branches ni les feuillages. Comme il n'accepte pas la mousse. Comme il éteint le feu dont on prétend lui infliger l'épreuve. Le séquoia se veut sans rien — nu.

Incroyable chez cet arbre de poids, de taille, d'envergure et de siècles : ses racines ne plongent pas mais s'étalent presque à la surface de la terre. Presque. Elles se poussent si peu profond — un mètre ! — que, pour un peu, le séquoia les montrerait, comme un homme ses dents.

Farouche à interdire sa base aux inutiles et parasites (champignons, végétaux velléitaires...), aux affections pathologiques (nodosités, moignons divers...), le séquoia, en contraste avec la nudité ordinaire de son fût, lisse ou creusé de rigoles, porte villages en fête à sa cime qui multiplie branches, branchettes, harts, feuilles et du dais là-haut, où il lui arrive de se dédoubler, descendent des musiques.

Les arbres qui l'entourent ne sont pas des demi-portions d'arbres : des pins blancs mais le pin, pas plus que les autres espèces de conifères, n'approche le séquoia, ni en matière ni en esprit. Grand, il s'est résigné à l'être moins que le séquoia et à un plus maigre jardin, qu'il porte lui aussi à son pinacle...

Au toucher, l'écorce suscite l'image du coco : une consistance soyeuse, meuble... D'ailleurs, le doigt du visiteur s'enfonce sans peine et son bout détache des morceaux de l'enveloppe. Que si vous tapotez le géant, il résonne : cet arbre plein sonne comme un tuyau.

J'ai vu, dans les soixante-quinze concentrations qui forment la Giant Forest du Sequoia

National Park, des séquoias béants comme des
portes de cathédrale et d'autres, plus modestes,
comme des ouvertures d'acculs. J'ai imagé ses
amours, dont je ne dirai rien ici. Je les imagine
tout de retenue, interdits aux voyeurs. J'ai vu
des séquoias terrassés et, dans le monde
convulsé de leurs racines serpentes, comme
dans l'interminable orifice du fût où creuse le
temps, courir des lézards, des tamias *(ship-
munks)* dont la frénésie donnait à penser qu'ils
étaient, dans les racines du mort, fous de bonheur.

Séquoia mort... Là aussi et là encore je songe
à nous, à notre mort aussi mal faite que notre
vie, à notre mort aussi rapide, voire précipitée,
que notre vie, l'une aussi fugitive que l'autre, de
sorte que je revendique pour nous non seulement cette vie du séquoia si longue qu'elle
ressemble à l'éternité mais aussi cette mort du
séquoia, si longue à se consumer qu'elle ressemble, après la vie éternelle, à la mort éternelle,
c'est-à-dire à l'éternité dans la mort, que le
séquoia offre à nos yeux qui l'envient.

L'humidité tue le séquoia — l'humidité, non
pas le temps et ici encore mon regard (le
vôtre...) envieux : je sais me protéger de l'humidité — pas du temps. Le tanin qui est dans le

bois ralentit l'inévitable déliquescence que provoquent insectes et bactéries (tant mieux qu'il y
passe, lui aussi : sans doute nous sentirions-
nous assez étrangers au séquoia s'il n'offrait aux
mortels que nous sommes une mortelle ressem-
blance...). Je connais, dans le Yosemite National
Park, un séquoia « tel qu'en lui-même enfin
l'éternité le change » — et à chacun de mes
voyages je le regarde avec de plus en plus de
convoitise, couché certes mais tout entier,
depuis neuf mille ans !

Malgré les insectes lancés à son assaut, des
centaines d'espèces surgies à la seconde où il
s'est abattu et qui le sucent, grignotent, tentent
de le dépecer, avec leurs alliées les hyphes des
champignons.

Je demande : est-ce macabre que de se rêver
couché, mort (après une longue vie de
séquoia...) mais entier après neuf mille ans ? Je
réponds : non.

Qui n'eût été enclin à penser que le danger,
pour le séquoia, vient d'en haut, où fermentent
les excès, comme chacun sait : soleil plus torride
qu'en bas, pluies plus massives, neige plus
compacte, vents moins dispersés, pour ne rien
dire de la foudre, de bien délicate compagnie
quand on a la tête dans les nuages ? Il n'en est

rien. D'en bas, du sol humide se glisse la mort. La mort qui monte du royaume des morts et ne s'abat pas mais rampe, s'insinue, mouille... La mort qui n'affronte pas de plein fouet, de plein vent, de pleine face, le séquoia, ce Porthos de la forêt américaine, fragile des racines comme l'autre des genoux... Parce qu'il en coûterait à la mort de braver les séquoias, elle fait avec eux comme si souvent avec nous : par en bas (par-derrière).

Sur les racines à découvert des séquoias abattus, la mousse ose...

J'ai vu, dans le National Sequoia Park et, pour être précis, au Grant Grove's Big Stump Basin, où Mark Twain a son arbre, un cimetière de séquoias : ils gisaient au milieu d'énormes rochers, qui étaient leurs pierres tombales. Depuis toujours préparées, ces roches, à un avenir de pierres tombales : vieilles de dix millions d'années.

Moi, le cœur qui bat dans le hourvari de ces chiffres inaccessibles et à ma vie et à ma mort... Moi, mort bien avant et poussière peu après, je le dis sans hésiter : le séquoia est la vraie vie.

Peut-être le survivant d'un monde perdu voici quelque cent quarante millions d'années...

J'en ai vu un, géant parmi les géants et pas

nécessairement un séquoia géant, dans le ventre duquel le feu avait poussé loin ses langues et sans doute longtemps, violent d'abord puis à feux de haine (j'imagine, ici - *j'image*) et je ne saurais rapporter pour quelles raisons les flammes avaient épargné l'écorce (une mince enveloppe...) mais, l'intérieur brûlé et l'enveloppe intacte, j'ai aussitôt imagé un ventre sous le ventre, tenu et tendu par la seule peau miraculée.

Puis l'arbre du général Sherman. Cette fois, un séquoia géant et le plus large de tous les séquoias du Sequoia National Park : onze mètres de diamètre, trente et un mètres en circonférence à la base. L'arbre dont il me coûte de parler. Peut-être le seul au monde qui fasse souffrir le Sudiste que je suis. C'est qu'il porte le nom du général impitoyable et maudit qui ravagea le Sud, en 1864, brûlant Savannah et Charleston. Sherman : celui qui allume les incendies dans *Autant en emporte le vent*.

A chaque voyage dans l'Ouest, pourtant, je me fais violence, et de lui le tour, ce qui prend du temps. Rien de ce qui vit et meurt n'est plus volumineux que lui ; rien de ce qui irrigue sang ou sève. Le plus gros, le plus fort. Semble-t-il, indestructible. Imputrescible. L'humidité en échec. Vieux ? enfin... Entre deux mille trois cents et deux mille sept cents ans. Il doit ses dimensions exceptionnelles (son envergure sans exemple) à un phénomène qui est en contradiction avec le mode de croissance abouti des séquoias : le général Sherman a poussé à une allure encore jamais recensée. Seul de l'espèce à être allé vite. Puis il s'est arrêté, d'un coup. Cette précipitation eût-elle opéré chez le général Sherman (le général, pas le séquoia), il serait mort avant même que de préparer ses examens pour entrer à West Point. Que cette vision est belle du général-bourreau mort-né et de l'arbre éponyme préservé du nom qui souille...

Sous sa forme de séquoia, le général Sherman est encerclé comme général il ne le fut jamais, hélas : une barrière circulaire interdit qu'on l'approche. Il faut le découvrir au lever du jour, quand la lumière l'inonde d'une gloire que le Sherman de chair et d'os connut de son vivant. Dans la souffrance encore, je dois révéler que ce fût millénaire compte à peine, sur toute sa surface, quelques trous, quelques nœuds... Il est tout lisse — son enveloppe repoussée des seules nervures et saillies qui sont dans sa nature de séquoia et de bois, comme les muscles dans la chair de l'homme...

Les Yankees ont bien essayé de se rattraper

en donnant à un séquoia le nom de l'un de mes dieux, le général sudiste Robert Lee, mais sur cet arbre moins haut, moins large, plus jeune, le cœur, si je puis dire, n'y est pas. Je préférerais rien.

Peut-être nulle part plus que dans la Giant Forest du Sequoia National Park ai-je pensé que rien n'est plus beau qu'une forêt pénétrée des rayons du soleil : douceur, tiédeur, frémissante apothéose — et, au loin, en surplomb, des pics fumaient de toute la masse des nuages qui s'élevaient parmi eux.

Ce matin d'été vers 6 heures de notre cabine au milieu des séquoias de la Haute Sierra, ce bruit comme d'une vrille que fait le pic-vert en frappant, frénétique, un arbre de son bec.

Nous longions des torrents, des congères, traversions en les piétinant de grandes surfaces de neige et, à 2 135 mètres en répétant la jolie phrase du Québécois Emile Nelligan, un grand : « Ah ! Comme la neige a neigé », regardions, après avoir évité de buter contre eux, ces colosses morts que font les grumes. Ailleurs partout vivants, les arbres montaient si haut, en rangs si serrés de chaque côté de la route, que le ciel peinait à se manifester, bleu ou gris, à leurs sommets et d'autant plus qu'ils semblaient le repousser. J'ai éprouvé presque avec religion (avec religion, à bien réfléchir...) cette exaltation qu'ont rapportée les peintres de la forêt américaine du siècle passé, quand elle était comme ici, mais partout comme ici, dense et innombrable comme ici, géante comme ici, dans le ciel comme ici, et qu'ils la parcouraient à dos de cheval ou de mulet, ou à pied, peintres stupéfaits, éblouis qui ont dû souvent douter de leur talent à rendre et tout ce bleu et tout cet or et tout ce rouge et tout ce jaune de l'été indien et toutes ces formes et toutes ces ombres et qui aussi, quelquefois, ont dû pleurer, chavirés du bonheur que donne la beauté absolue et prodigue...

Peintres qui se suffisaient d'un minimum d'imagination mais certains d'entre eux l'avaient au-delà de l'extase, exubérante et fiévreuse et je ne doute pas qu'ils se soient pensés, quelquefois, séquoias, répondant ainsi au vœu de l'homme qui les a peut-être le plus aimés, ces arbres, en tout cas glorifiés et à qui les séquoias doivent d'être entrés, non pas en majesté, où ils sont de naissance, mais en légende... L'Ecossais

John Muir, le père de l'écologie américaine. De lui, ce vœu, il y a un siècle : devenir « encore plus séquoial » *(more sequoial)*, après leur avoir reconnu, où il espérait sans doute parvenir, la spiritualité que leur donnaient l'âge, la noblesse de port et de fréquenter si haut vers les dieux.

Dans la beauté et la magie, le séquoia.

Dans l'arrière-pays de la Haute Sierra, paradis où, faute de route, nous avions accédé à pied, des étoiles filantes sillonnèrent le ciel toute une nuit, feu d'artifice silencieux qui nous tint éveillés avec la certitude d'un proche bouleversement du monde dont les étoiles folles nous semblaient le signe...

Le matin, dans l'immobilité des pics au loin à l'extrémité du regard, le monde, souffle retenu au-dessus des séquoias, n'existait que par la dérive de quelques nuages et l'incertain voyage de flocons de brume... Semble-t-il, rien ne s'était passé. Le vent, tout à l'heure, chasserait les uns, disperserait les autres et notre regard, dans le temps recommencé, n'accrocherait rien que, une fois encore, les séquoias dans le ciel, si bien faits l'un pour l'autre, si bien accordés l'un à l'autre, qu'ils semblaient se confondre tout là-haut et loin, où je cherchais des ombres, toujours plus haut et loin où, notre œil ordinaire en échec, l'œil intérieur avait pris le relais et c'était comme si la grâce nous était assurée, qui nous venait d'eux en récompense de les aimer tant, de toujours les voir.

A la condition qu'elle ne soit pas bêtement dense, la brume est bien, de tous les éléments climatiques, cosmiques même, la plus grande pourvoyeuse de mystères... Elle enveloppait, ce matin-là, le Sequoia National Park que nous quittions une fois de plus et, cette fois, en direction de Fresno et de la California 180. A presque deux mille mètres d'altitude, sans doute n'avions-nous d'yeux que pour la route incertaine, reste qu'ils enregistraient aussi, de chaque côté et devant, le fantôme foisonnant et enveloppé des séquoias, de plus en plus reconnaissables à travers la nappe de plus en plus déchirée, effilochée de la brume qui, par son ordinaire manière de faire retraite, creusait dans l'espace des coulées, des trous et donnait l'illusion de toutes sortes de formes, comme si l'espace, l'air eussent abrité des façons de montagnes et collines, d'autres montagnes et collines que les vraies — ici dans la Sierra Nevada une géologie qui s'accomplissait en l'air...

La brume entièrement dissipée vers mille mètres, nous dévalâmes sur Fresno dans une nature épanouie, délirante de fleurs partout en taillis et bosquets. A un moment, et en contraste avec le riche paysage tout autour, nous sautèrent au visage, sur le dévers d'un grand talus, deux arbres isolés à ras de terre - *à ras de terre* vraiment : curieux sentiment, on en conviendra, s'agissant d'arbres et sans doute l'avons-nous éprouvé à cause de la nudité de cet endroit où rien ne se poussait, ne se haussait que ce couple qui montrait des feuilles si desséchées, si misérables, et pourtant accrochées et en l'air comme si la sève les parcourait, alors qu'on se fût attendu à les trouver tombées et mortes au pied des deux épouvantails, ici d'autant plus insolites et dérisoires qu'ils semblaient voués à la garde d'un improbable bien.

Puis nous fûmes sur la California 41, après Fresno et nous l'avons suivie jusqu'au bout — jusqu'au Yosemite National Park où cette route, en Amérique interminable, comme elles le sont toutes, connaît une fin royale, dans la splendeur.

Dans la hiérarchie des parcs nationaux aux Etats-Unis, au nombre de quarante-huit, on s'accorde en général à donner au Yosemite, selon l'ordre dégressif du sublime, la deuxième place... Classement dans son principe arbitraire. Le Sequoia National Park n'offre pas la diversité de la plupart des autres puisqu'il n'est rien que séquoias, et que le voyageur ne peut pas, à la fois, ne pas les admirer et se contenter d'eux seuls. S'il le faut, va pour le Yosemite numéro deux — et ne classons pas hors normes, du bois dont on fait les séquoias, le Sequoia...

Numéro deux — quelle sorte de supériorité peut bien posséder le numéro un ? En attendant de savoir nous montions, un jour, vers la petite ville de Gravelaine. Passé Gravelaine, et toujours plus haut, la route pénétra dans un massif de pins ponderosa à la puissante odeur de résine chaude, puis encore plus haut à travers une forêt sombre de sapins où, à la sortie, elle entreprit de longer des canyons au plus près, de si près que le cœur battant d'appréhension nous découvrîmes leurs parois sans pouvoir dire si elles jaillissaient de la terre ou plongeaient en elle, spectacle dont nous arrivâmes à aimer la brute sauvagerie malgré notre peur de verser et notre attention à garder une route que nous devinions la promesse de quelque chose de jamais vu, encore qu'elle ne révélât rien du paysage qu'elle nous offrirait — Yosemite que d'aucuns tiennent non seulement pour la merveille de la Sierra, mais de l'Amérique. Au bout d'un tunnel, inévitable puisqu'il couvre la route qui entre dans le parc, d'ailleurs bienvenu, à la réflexion, comme si nos yeux dussent faire le noir et se reposer avant que de s'ouvrir dans la générosité inépuisable des couleurs et des formes, au bout d'un tunnel la vallée du Yosemite s'offre toute.

Il suffit d'entrer en elle pour qu'elle tienne la promesse évoquée : elle vous prend, vous enveloppe, vous enlace et alors vous oubliez le monde d'en bas que vous venez de quitter. L'opération, comme d'un rapt, se produit à la seconde où vous pénétrez dans cet éden luxuriant et paresseux. Nous l'avons connu dans ses étés chauds et ses hivers doux, jamais fatigués de découvrir, redécouvrir ses cataractes et ses falaises (le Yosemite : un univers de chutes) ; de plus affairés voyageurs que nous l'assurent, par comparaison avec le reste du monde, où nous n'allons pas (l'Amérique est tout et elle contient tout, inépuisable...), sans pareil.

Sous nos yeux la Merced, moins qu'un fleuve mais plus qu'une rivière : elle pousse la froide transparence de ses eaux loin à travers des prairies vertes à perte de vue, où courent les cervidés. Le bonheur ? Le bonheur. La cataracte qui tombe, là, de presque cinq cents mètres, est la honte du Niagara, pauvre de cent sept... Puis El Capitan, haut de mille mètres, peut-être le bloc de granite le plus grand du monde : scintillante sous le soleil, cette pierre tendre comme un édredon, douce au toucher, se délite et se répand comme de l'eau qui coule, jusqu'à des forêts, dans le lointain où jadis une moraine a bloqué la Merced. Le Half Dome, où nous accédons, est coupé en deux de son sommet à sa base. Il a perdu sa moitié, avalée par les plus gourmandes des langues : les glaciaires. De ses mille quatre cents mètres au-dessus de Mirror Alley, le Half Dome plonge tout entier dans le lac, où il se mire...

Reste à dire peut-être le plus difficile, peut-être l'essentiel.

En montagne se trouvent des lieux vastes et ouverts au regard, où le guetteur, haut perché, distingue qui vient de loin ; où l'air semble vibrer de liberté et d'exaltation. Dans leur forme parfaite, ces endroits — des sommets – sont des lieux de perspective.

La montagne offre aussi des refuges dans les vallées protégées — lieux enclos et tournés vers l'intérieur — qui semblent répondre, pour le satisfaire, à un besoin du corps. Le refuge idéal est la caverne. Dans son livre *L'Expérience du paysage (The Experience of Landscape)*, le géographe Jay Appleton avance la théorie que ces deux qualités de paysage, la perspective et le refuge, l'ouverture au monde et l'enfermement son contraire, sont d'une telle importance pour l'homme qu'elles se sont inscrites dans ses gènes.

Dans la Yosemite Valley, perspective et refuge, projection de soi et retenue en soi s'offrent en une rare combinaison. La vallée s'est refermée mais vous êtes à l'intérieur d'elle et elle s'ouvre. A partir des prairies ou des saillies rocheuses au-dessus, l'observateur porte son regard loin, au plus loin vers les ombres où il risquerait de tomber peut-être, de céder à quelque vertige, peut-être, à l'entraînement homicide de l'œil, par exemple, n'était la crête circulaire de granite, qui le protège...

Vous, moi...

Le sentiment que le voyageur éprouve aujourd'hui est proche de celui qu'exprima, en 1851, L.H. Bunnell, l'un des premiers Blancs à pénétrer dans la vallée. « Je sentis tout mon être envahi par une grande exaltation et l'émotion emplit mes yeux de larmes. » Or Bunnell n'était pas un touriste, mais le médecin d'une compagnie de tueurs d'Indiens, qui s'était constituée à cet effet. Le Yosemite ne distingue pas entre les bourreaux et les innocents.

Dans la beauté et la magie pourtant, le Yosemite.

Comme les Indiens et comme les premiers voyageurs du Nouveau Monde — les autres aussi, d'ailleurs, ceux qui ont suivi — j'éprouve le sentiment que Félix Antoine Savard, Québécois que nous ne connaissons pas, en France, honte à nous, appelle l'*ahité*, ce « ah ! » que nous lâchons ou contenons dans la surprise et l'émerveillement que dispense l'Amérique...

Yosemite : monde à part, ceinturé de montagnes si découpées, travaillées, ouvrées, qu'elles semblent renvoyer à de minutieuses pratiques de sorcellerie. Volontiers prendrais-je en compte, pour l'amour du Yosemite et de ses mystères, le mot hier et peut-être aujourd'hui encore à la mode : « C'est sioux »..., pour dire l'habileté suprême, n'était que les Sioux n'ont jamais couru ailleurs que dans les Grandes Plaines des Dakotas, très loin au nord. Requiem pour les Indiens de la Sierra Nevada, foudroyés dès leurs premières rencontres avec les Blancs, et si peu connus, si peu rappelés et évoqués, si peu dans l'histoire et si fort ignorés par la légende, que le monde de leurs noms propres leur est un autre tombeau, dont je ne veux pas ici soulever la pierre.

Il venait de pleuvoir et même de grêler — spectacle que nous avions subi, à la fois aimé et détesté déjà au cours de voyages antérieurs... La forêt brillait, presque tendre. Sur les gigantesques parois à nu de la montagne, falaises qui s'emboîtaient comme des cônes quand bien même elles étaient des lames, que la lumière du soleil était belle ! Jamais plus qu'en Amérique, ne me sens-je proche de Boudin et de Bonnard, qui sont dans ma mythologie française. A leur image, je suis un chroniqueur météorologique — ou voudrais l'être. Je sais Boudin par cœur : « Nager en plein ciel, arriver aux tendresses du nuage. Suspendre ces masses au fond, bien lointaines dans la brume grise, faire éclater l'azur. » Ce que je tâche de réaliser avec les mots, comme lui avec les couleurs. Me relisant, je me dis :

as-tu bien suspendu les masses, là-bas, au fond de ta description ? As-tu justement dit la brume et bien écarté le rideau de l'azur, pour que le lecteur découvre d'un coup le théâtre du ciel et s'y donne et s'y attarde et s'y perde et s'y trouve ? Moi, maître des ciels. Un vœu. Et Bonnard : « ... Par beau temps, mais frais, il y a du vermillon dans les ombres orangées. » « Aujourd'hui, ciel lavé, rincé, dépouillé. » Chacun mesurera la relative facilité du labeur qui incombe au peintre, par comparaison à celui de l'écrivain : l'un, le vermillon et les ombres orangées, il les trouve tout faits, il lui suffit de les voir, question d'œil, et de les rendre, l'écrivain, lui, doit tout créer : le vermillon, les ombres (orangées, de surcroît) dans une matière incolore, inodore, et aplatie, de mots. Enfer.

Au loin, d'autres montagnes, généreuses, multipliaient les ensellements et plus loin encore, où le soleil n'avait pu aller, ou mal, on distinguait de la neige. Nous arrêtant pour admirer, savourer, aimer, nous devinions, au grondement et fracas, les chutes d'eau à courte distance. J'imageais les falaises avec plein de sentes, de ravins, de gouttières et de rus où l'eau descendait, sans trop de vacarme et, d'un coup, parvenue à l'aplomb de la falaise, là où un homme aurait trébuché et serait tombé, elle sautait. Et je m'entendis me dire : si fort, si beau, cadeau royal au voyageur — à propos du Yosemite, bien sûr, là sous nos yeux ravis comme s'ils eussent été encore d'enfants.

Jamais rassasiés de lumière, éblouis par elle comme il arrivait si souvent dans nos courses, nous regardions le soleil dans le fond de la vallée d'où montaient des arbres et de nos yeux relevés aussitôt qu'abaissés, dans une noria du regard comblé et fiévreux, comme nous aimions que la montagne affairée, peut-être débordée, projetât ses pointes, ses cônes, ses angles, ses rostres, ses à-pic, ses vires, ses replats ! Jamais rassasiés du jour qui s'éveille, au ciel, dans le brasier du monde. Il arrivait que, sur une cascade que nous contemplions, le soleil se posât de sorte que l'eau en était tout illuminée, comme jaillie d'une mine d'or — jusqu'aux franges et à l'écume.

La nuit était tombée. Le lendemain, ambition de voir toutes les chutes, toutes les cascades, et, pour ce faire, se lever de bonne heure. J'aime le monde qui s'éveille. En Amérique dans les vallées sans fonds, sans limites, et dans les arrondis des montagnes, montent, à ce pathétique et unique moment qui se situe entre le chien de la nuit et le loup du jour, comme des lueurs de bougies, et leurs clignotements, leurs tremblements me retiennent toujours, moi, bouleversé à penser que si elles savaient durer, ces lumières, ralentir la nuit et disputer le jour au jour, briller avec lui, l'ordre du monde en serait ruiné dans la fatalité enfin abolie de la succession sans fin ni trêve du jour et de la nuit, du clair et de l'obscur, dont profite le temps pour avancer et nous vieillir. Alors un autre monde au Nouveau Monde, où nous regardons.

Le soleil étend ses grandes taches de lumière, comme des animaux qui gagnent les herbages. Nous imageons l'eau issue de la neige fondue au plus haut de la montagne, où elle vit en liberté, puis emprisonnée par le goulet où elle s'enfonce, bien obligée, et qu'elle déborde vite : c'est la chute alors, à Yosemite Falls devant nous et l'eau écumante rebondit, puis elle s'étale, s'effrange en l'air, lance ses dentelles, jamais en repos, toujours alimentée par l'eau qui la suit, la poursuit, la rattrape, la pousse, l'enfle, milliards de gouttelettes qui sont l'eau et ne sont rien d'autre que l'eau — on dirait un feu d'artifice dans la poussée et la reprise permanente des bouquets bouillonnants — puis un goulet s'en ressaisit à terre, c'est-à-dire dans l'eau où elle a fini par arriver, l'emprisonne, la comprime en un lit (le lit du fleuve) et alors, au terme de sa course furieuse, elle retrouve sa modestie du début, aussi anonyme et pure d'écume dans son parcours final de fleuve ou rivière qu'elle s'était montrée ample et forte, éployée et souveraine et voyante et frangée au plus fort de sa course de sauts en ressauts, et de sa chute...

Il y a un esprit des eaux, qui habite les torrents aussi bien que les cascades et les eaux étales. Si je l'avais perdu, Indien, je l'aurais cherché. Blanc, comment l'imager, comment lui parler ?

Jamais, dans le Yosemite, l'eau ne distrait le voyageur de la montagne, d'où elle est issue, de surcroît. Je ne me lasse pas de sa peau de pierre plissée de partout, de ses rainures comme les rides d'une très vieille femme. Ici à Clark Range, sur la route de Glacier Point, pendant que le soleil reflétait en succession d'éclairs l'argent saumoneux des plaques de neige, elle frappait par une générosité qui semblait inépuisable, tout en blocs énormes aux parois acérées et aux aplombs vertigineux, plus torturés, plus affouaillés les uns que les autres, en cônes, plans inclinés, flancs, ouvertures d'antres, projections d'arceaux, voûtes, ravines, rigoles, bosses, élancées, pierres toutes faites, pierres bien faites et moignons de pierres tantôt foisonnants de mousse et tantôt d'arbres, là à nu — chauve absolument — et ailleurs comme si elle habitait la neige... Nous ne nous détournions d'elle, où nous savions que nous retournerions, que pour retrouver un ciel vide de nuages à l'exception de trois ou quatre, si éloignés les uns des autres que nous les aurions pensés perdus de solitude n'était que, tout illuminés et la lumière du jour tout entière concentrée dans leur surface, sans en excéder les limites, ils semblaient porter chacun d'eux le bonheur d'un soleil intérieur ; puis nous regardions les biches et les faons dans les prairies. Une fois, l'arc-en-ciel s'était posé, mouillé de l'herbe où il avait étendu ses bandes de couleur, si léger, si délicat dans son effleure- ment vert, jaune, bleu, violet... des graminées, que nous crûmes, plus qu'à un atterrissage de l'arc-en-ciel, découvrir son reflet, qu'il était peut-être...

Dans la magie et la beauté, le Yosemite.

Cette phrase de John Muir, que plusieurs matins je me suis récitée : « Encore un jour de gloire dans la Sierra et on se sent se dissoudre et être absorbé et lancé quelque part on ne sait où. » Je le sentais.

Une autre fois, il fut 16 heures et le soleil

brillait comme à 12, si intense que sa lumière en semblait comme minéralisée puis, d'un coup, la noirceur l'éclipsa, puis la lumière revint, repartit, succession rapide du clair et de l'obscur, de l'obscur et du clair... Par la suite, sans doute lumière et noirceur se sont-elles mêlées, selon une alchimie dont nous ne saurions rien de la nature et des degrés, et il fit soleil et il plut, en même temps, longtemps...

J'ai vu, une fois, une lumière d'un rose que je n'ai pu et n'ai su que qualifier de lumineux et sans doute ai-je seulement frôlé le pléonasme car lumineux ajoute à lumière.

A-t-on remarqué le traitement que le soleil accorde — ou inflige — aux choses du monde selon leur nature ? Ainsi : il brûle les pics, frappe les arêtes, répondant par la violence à l'agressivité des formes, comme s'il voulait les contrer et, s'il s'agit de l'eau d'une cataracte, il l'inonde, la surface calme ou les flots d'un fleuve sage, il les caresse, l'arbre il l'enveloppe.

Nature si paisible ici, avec des pentes à peine prononcées, noyées de couleurs et, mon guide de botanique à la main, j'ai distingué trois sortes de pinceaux indiens, repéré tout plein de wyethia aux oreilles de mule et de balsamine aux feuilles en forme de flèches, dans des compositions de jaune exubérantes... Une fois j'ai arrêté (comme les ornithologues pour rouges-gorges, huppes, hochequeues et les autres...) mon biotope : une perspective de hautes montagnes aux parois lisses et impérieuses, à mi-distance une colonie d'arbres (pour l'amour d'eux et leur façon de filtrer la lumière...) et, devant moi (à mes pieds, à mes pattes...), la prairie que traverse une rivière — mon biotope à moi qui, peut-être, et peut-être de justesse, ai manqué d'être rouge-gorge, huppe, hochequeue ou un autre... Je dois pourtant concéder que, dans le Yosemite, je change souvent de biotope — celui-là seul m'aurait comblé à vie qui les eût tous assemblés.

Puis nous fûmes à Liberty Cap, ce dôme à la gauche de Nevada Fall, face à des glaciers vieux de millions d'années, au poids et à la puissance inouïs, capables d'enterrer, à la verticale, sous des kilomètres d'une glace sans pitié, des montagnes, en pesant sur elles, en les poussant.

Liberty Cap, on l'a compris, un rescapé. Une fois, les glaciers de la High Sierra entreprirent d'avancer le long de fleuves et vallées, emportant, méthodiques et acharnés, pour les casser, déchiqueter, émietter et disperser, les matériaux les plus faibles du lit des rivières. Ne résistèrent aux glaciers que les falaises abruptes d'une pierre dure qui, pourtant, dut se résigner à dégringoler dans la Merced, où ils lui ont sculpté des escaliers géants, avec des esquisses de marches : cent quatre-vingts mètres à Nevada Fall, quatre-vingt-dix-sept à Vernal Fall.

Des arbres montaient haut, très haut dans des contorsions de serpent, leur écorce découpée en carrés qui se succédaient, grumeleux, chacun distinct de l'autre et en relief, comme les squames sur la peau des reptiles.

A Glacier, du haut d'un belvédère, le voyageur découvre le visage démesuré et aplati d'un dormeur, qu'il n'a fait qu'entrevoir au Clark Range : ici plus près de la pierre, je mesurais mieux la densité de son réseau de ravines, stries, anfractuosités et je lui reconnaissais des yeux, un nez écrasé, des implants de cheveux. Nostalgie de l'homme dans la matière ? La neige à l'horizon était si immaculée dans l'air pur qu'une silhouette se fût-elle aventurée, à des kilomètres pourtant, je l'aurais distinguée. De la terrasse où nous avions accédé, et face aux cataractes écumeuses et blanches, à l'horizon, nous avons embrassé, inattendus dans le voisinage du monstre figé et sans douceur, des arbres encore, une rivière, des prairies — la paix, loin de ces témoins des batailles fracassantes de la pierre, dans des temps immémoriaux.

Une dernière promenade nous révéla une population d'écureuils au nombre encore jamais vu : ils surgissaient de partout, essaimant comme des crabes sur une plage.

L'après-midi d'un jour dont nous avions consacré le matin à une marche en haute montagne, nous entreprîmes, à deux mille trois cents mètres de hauteur, de quitter, par la California 120 Est en direction de Lee Vining, le paradis yosemite, la route traversant une forêt interminable et belle de sapins, puis d'autres espèces, de grands brûlés celles-là. Je regardais en passant ces silhouettes noires et désolées et je savais que je verrais pire quelque dix jours plus tard. Dans la forêt américaine, on ne met pas, au contraire de la nôtre, à mort les arbres morts. On attend qu'ils s'abattent d'eux-mêmes — de sorte que les cimetières longtemps composent des communautés de morts debout. J'ai détaillé certains de ces cadavres en l'air, carbonisés, en remarquant qu'ils avaient perdu leur revêtement d'écorce brûlée et que des plaques malsaines et blanches leur tenaient lieu de peau. Des plaies. Nous roulions dans la High Sierra, tantôt montagne d'arbres et tantôt, dans la montagne, cimetière d'arbres, sans que je susse qui des uns et des autres avait, acharné travail de racines jadis, repoussé les grandes coulées de pierre sur la gauche, où des congères se succédaient.

M'avançant au cœur de l'un de ces cimetières, malgré la raspoutitsa, j'ai observé, dans le malaise et la curiosité, les racines des morts, le temps de me dire que, si le tronc offre une dignité impersonnelle, on ne saurait d'elles le dire, qui présentent le spectacle d'un farfouillis de ventouses, oignons et pseudopodes à sec, leur anatomie si bien conservée que j'ai imaginé entendre leur bulbeux gargouillis. L'observation porte à découvrir que, de l'arbre, les racines sont le ventre. Puisque c'est le ventre qu'il expose, on comprend mieux sa lubricité.

Nous longions, en ce voyage au début de juin, de tendres lacs de montagnes, sans aucun doute au fond et même à la surface froids à mourir, mais nous n'en devinions rien à cause des jeux de l'eau et du soleil, qui donnaient l'illusion du chaud, de la paresse, alors que, d'apparence indifférentes, ces eaux claires se vouaient à une entreprise de récupération, tueuses acharnées à couler les congères qui, çà et là aux abords des rives et loin dans le lac lui-même encore embâclé, persistaient à dérober l'eau à l'eau.

Arrivés dans la vallée, nous fîmes halte à Olmsted Point qui, au bord de la route, s'étend en grandes tables de roches les unes plates, les autres convulsées. Ravis de découvrir une foule de marmottes, qui se montraient avec une complaisance appuyée, beaucoup de facilité à exposer, en se dressant, un ventre de bête heureuse, bien nourrie, bien fourrée. Elles frayaient avec des mouettes. Comblé notre goût des marmottes, nous sommes revenus à ce paysage (loin du Yosemite, il fait encore partie du Yosemite) tourmenté de dômes, de pics mais aussi paysage allongé en surface d'apparence paisible, sans histoire(s) et qui portait jusqu'à un horizon vallonné, tout piqueté de sapins. Nous retenait ici, outre cette infinie exposition de pierres dans un espace qui semblait avoir reculé pour lui laisser plus d'espace encore, la découverte que le granite sous nos yeux, amoncelé en couches, dont ne s'offrait à nous que la surface, avait pelé comme un oignon — un gigantesque oignon. Opération qui ne s'achève jamais, jusqu'à l'effritement de la pierre en des pelures de plus en plus fines et jusqu'au meurtre final dont témoignent pierraille, cailloutis, éclats, frottis, poudres et poussières que le vent emporte. Le meurtre, on s'en doute, prend du temps. Des millions d'années — et pour cette raison j'ai dit qu'il ne s'achève jamais. Un géomorphologiste, consulté plus tard, me révélera que le phéno- mène porte le nom d'exfoliation. Dont je suis fou. La pierre qui s'offre et que l'on cueille, comme une fleur, que l'on effeuille, comme s'effeuillent les chênes chez Chateaubriand ! Moi, je redemande du mot et de la chose, de la chose et du mot. Visions.

Ne dissimulons pas que la pierre peut subir un autre destin, comme l'attestent les multiples formations en dômes : les couches de granite, au lieu de se désintégrer, se soumettent à l'attraction des dômes et elles, qui en leur bas âge ont la forme de coquilles, s'accumulent le long de la pierre montante. Interrogé sur place, un *ranger* nous assure que le Yosemite, jadis, composait un berceau de dômes, vaste comme on l'imagine. Je l'image et m'émerveille, longtemps. Quelque huile doit exister, une au moins, qui porte ce titre : « Paysage aux dômes ».

Et nous allions, toujours longeant des lacs, qui se multipliaient... Quand bien même l'eussions-nous ignoré, faute de l'avoir lu (mais nous avions lu...), nous aurions deviné qu'ils étaient des relais, des sentinelles sur la route d'une merveille, des approximations d'un lac-reine (ou roi) qui, pour asseoir sa séduction et s'assurer que le voyageur irait à coup sûr vers lui, sans se détourner de lui, sans se distraire de la pensée de lui, nous dépêchait des doubles, imparfaits certes, mais d'une imperfection mesurée, chacun d'eux monté, sinon de grâce, de charme. Je me disais en les regardant entre les montagnes qui inclinaient leurs pentes jusqu'au niveau de leur eau que le lac est une scène de théâtre mais, plus encore, le théâtre lui-même en train de se jouer, fabuleux avec les personnages qui se reflètent en lui, les uns de bois, les autres de pierre, d'autres qui relèvent du végétal, grande et diverse troupe que le soleil, peu à peu, selon sa course renouvelle ou éloigne ou rappelle et il nous semblait reconnaître, de loin, dans la silhouette haute, mince et attentive des sapins, un premier rang de spectateurs...

J'évoque ici le Tenaya Lake, encore tout entier dans les glaces en cette première semaine de juin pourtant, sauf sur les bords, spectacle dont je ne me lasse pas et, si je le pouvais, je mènerais mes voyages américains en fonction des antagonismes qui, depuis la création du monde, opposent les éléments du monde, la terre et l'eau, l'eau et la neige, les glaciers et l'eau, le chaud et l'humide, la sécheresse et le végétal, la foudre et l'arbre — d'autres... A l'ordinaire — et même à l'extraordinaire — les antagonismes se dérobent au voyageur car ils jouent sur le temps et sautent sur l'occasion — occasion que nous ne pouvons prévoir car nous ne sommes pas dans le ventre des choses ni dans la substance des éléments. A cet égard, dérisoire notre œil nu. Jamais personne — vous, moi — ne surprendra, à la seconde où elle éclate, la roche que travaille, depuis cent ou mille ans, la racine, du jamais vu dans l'obstination pétri-cide. Les antagonismes plus haut cités, en revanche, s'offrent à des périodes déterminées. Comment ne pas citer, ici, où je me reconnais, Galen Rowel, dans *Mountain Light* : « Les espaces les plus intéressants du monde de la nature sont les limites, les arêtes, les frontières entre des reliefs. Les endroits où l'océan se mêle à la terre, les prairies jouxtant les forêts, les bois atteignant les sommets. Ces séparations géographiques intéressent les scientifiques de la même manière que ces lignes de lumière me fascinent. » *Limites*... *Arêtes*... *Frontières* : les marges où se déroulent les batailles — si j'osais je dirais : les corps à corps. En tout cas des combats singuliers, à l'inévitable issue mortelle, par dissection, dessication, absorption, mutilation, dissémination... La panoplie du tueur cosmique.

Après le Lembert Dome qui nous retint par ses dimensions et la nudité si rigoureuse de ses surfaces (pas une branchette, pas une feuille, pas une radicelle...) que nous en vînmes à penser que sa pierre devait être d'une exceptionnelle sauvagerie ou habitée d'un sentiment aigu de son territoire à défendre ou, encore, empoisonnée, nous entrâmes dans les Tuolumne Meadows, à deux mille huit cents mètres, grands plateaux herbeux, prairies à perte de vue qui viennent en point d'orgue à une visite au Yosemite. Un de mes autres biotopes. Herbe haute et luxuriante, toujours verte même au plus chaud de l'été car la canopée fournie des séquoias est infranchissable aux feux du ciel — et les séquoias failliraient-ils, ce qui, n'est-ce

63

pas, est impossible, les sapins à la riche frondaison feraient barrage. Coule une lumière atténuée, comme filtrée, douce et tiède et, j'en suis sûr, heureuse, ce qui ajoute si fort à mon biotope qu'à mon quatrième voyage à travers les Tuolumne Meadows, je me suis vu soudain ici, où dans la presque extase j'étais, et en même temps je regardais le *Missouri Breaks*, d'Arthur Penn. Vous savez, ces premières images, superbes : formes dans le lointain que je découvre à la faveur des herbes qui s'inclinent, fouettées, au passage des cavaliers (tiens, des cavaliers...) s'avançant vers moi, herbes si hautes que j'ai dû deviner les chevaux invisibles, si hautes herbes que les silhouettes pour progresser les fauchent du bras, toutes sauf une, à cheval aussi, menottée, voleur de bétail, comme je l'ai compris vite, et l'un des propriétaires spoliés, là devant moi où le groupe surgit, au bord de l'image dans les Tuolumne Meadows, tout à coup lance en direction d'une branche maîtresse l'extrémité de la corde au nœud coulant libre, l'autre extrémité au cou du voleur et le cheval, bondissant sous le coup qu'il reçoit, projette dans les airs un pendu.

Je regarde le pendu, là devant moi en Californie où je me tiens bien droit, se balancer au Missouri.

Scène brève et saisissante (ce cou saisi...), non, vous ne l'avez pas oubliée... Lui le pendu, une ombre que je voudrais, malgré ma répugnance, attraper.

Une autre fois — c'était au cours d'un autre voyage et toujours ici, dans les Tuolumne Meadows — je me suis vu dans les notes de George Catlin, là aussi vous savez : le peintre des Indiens de l'Ouest, un grand, quand il raconte que, pour découvrir les bisons, il devait, si hautes les hautes herbes, se dresser sur ses étriers ! Le genre d'observation qui me rend fou — et sur mon appaloosa et sur mes étriers je me dresse et les bisons, je les vois, je les image.

Cette prairie, la Prairie voici un siècle et demi seulement, immense et belle, qui s'était faite aux tempêtes, aux pluies, aux feux, à la canicule, aux grands animaux et à la vermine, prairie qui s'est crue éternelle (qui ne l'aurait cru ? qui pouvait ne pas le croire, alors ?).

Aujourd'hui, belle comme naguère (oui, naguère : un siècle et demi...) mais morcelée, réduite à des parties dans les Etats, dont le Yosemite en Californie.

Dans la beauté et la magie, le Yosemite.

L'attrapeur d'ombres

En approchant de Lee Vining, sur la route US 395, porte de sortie (ou d'entrée) du Yosemite National Park et tout proche de la ville-fantôme de Bodie, la route soudain descend et alors, un lac — merveille. A le découvrir au cœur de montagnes qui, entre trois et quatre mille mètres, semblaient les unes épouser la rotondité du ciel, les autres de leur cime l'érafler, très loin là-bas, grand et grandiose lac portant son eau d'un bleu inévitable certes, irrésistible, croyez-m'en, sinon au bout du monde au moins au bout de ce monde-là sous nos yeux, je compris que les autres lacs, tous, dont Tenaya, relevaient bien de cet apprêt que j'ai dit, de cette progression étudiée vers la merveille, chaque lac ajoutant au précédent. Le bleu se mariait au blanc d'une lagune, derrière, où montaient des herbes aquatiques. Je distinguai aussi, près d'une falaise, des collinettes... Dans le ciel, quelques cirrostratus, si paisibles, si loin de la menace ou de la dissolution, qu'on éprouvait bonheur et sérénité à les regarder. Plus près d'elle encore, et le lac révéla une autre de ses composantes : une île constituée d'un seul bloc de pierre bleue, tel un saphir et comme en un conte de fées.

Ce n'était pas tout. Les projections hors de l'eau que nous avions prises pour des herbes aquatiques en touffes serrées composaient des blocs de tuf qui poussaient, à différentes hauteurs, des stalagmites, certaines énormes : de véritables tours, d'autres effilées, dentées, déchiquetées, hérissées, d'autres encore tout en bosses ou éperons ou fers de lance ou doigts obscènes, des milliers et des milliers de stalagmites en formes fantomatiques blanches du sel où elles étaient nées, treize mille ans plus tôt dans le fond du lac, puis le niveau ayant baissé, les concrétions alors étaient montées à la surface, aujourd'hui rudes et austères et cadavériques et trouées comme éponges, avec des rostres durs aux extrémités coupantes, fantastique émergence de calcaire et fantastiques métamorphoses où se devinent les assauts décapants du vent, du gel, de la pluie, de la neige et de la canicule, leur fantaisie à la source d'un univers qui eût persécuté le Facteur Cheval, où à ses pures manifestations naturelles il eût tenté d'ajouter les formes des civilisations que sa culture lui avait révélées, architecture pensée s'ajoutant à la spontanée dont, une fois presque tout un jour sur les eaux hirsutes du lac, nous avons, sans nous lasser, en dessinant et en notant, admiré la riche beauté débridée que, nous penchant par-dessus la barque, nous retrouvions inversée sous l'eau avec sa forêt de pointes.

Assurés par les augures d'un beau lendemain, nous décidâmes d'assister au lever du soleil, dont on sait qu'il aime, les grands jours, les ors et les pourpres, puis à son bain dans le Mono Lake. Il fut exact à son rendez-vous matutinal, son royaume de forge se reflétant dans une eau que nous avons vue passer du noir au bleu, puis au rouge et au rose, avant la dure clarté, les silhouettes de tuf accusant plus encore leur aspect entièrement décharné, leur pure nature de lave volcanique, spongieuse et désolée, géologie du désespoir sous un ciel dont nous pressentions qu'il allait chauffer les créatures à blanc et je ne me fusse pas étonné d'entendre la pierre se plaindre...

En direction de Reno, Nevada, par la US Highway 395 — Mono Lake, que nous quittions, nous révélerait, une autre fois, un autre visage : par le biais d'un point de vue, à un tournant de la route qui s'élève vite et fort, à peine laissé Lee Vining et, de loin, Mono Lake dévoila des perspectives douces, des formes que le bleu ici, le rose là semblaient avoir ointes, avec tout le mystère que le lointain et la naissance du jour ajoutent aux choses, l'œil ne pouvant ni les enregistrer ni les détailler, seulement les deviner. Beauté douce de ce matin, grand silence que les mouettes n'arrivaient pas à déchirer, odeur de fer — et ce sentiment que sur les eaux bleues de Mono Lake, le monde respirait.

Dans la beauté et la magie, le Mono Lake...

En route pour Fresno, avec l'intention de la contourner, comme toujours les villes : on ne visite pas l'Ouest de la Sierra Nevada et des Rocheuses en traversant les cités. Dans Fresno, l'agglomération la plus importante de la San Joaquin Valley, il nous faudrait pourtant entrer car j'étais à court de vêtements, réalité que longtemps nous avions feint d'ignorer, à cause de l'épreuve de chercher et d'essayer... Fresno donc et ses magasins.

En Europe, la construction élevée est souvent synonyme de petits moyens, de pauvreté — à tout le moins de gêne. Quelques riches tours pour riches n'altèrent pas la justesse de cette observation générale. Nos pays ont donné, ça se voit, et donnent encore dans les hautes constructions, soit pour aller vite, soit pour entasser (empiler ?) la misère. De surcroît, elles poussent dans les faubourgs, les marges d'une ville ou d'un quartier. Aux Etats-Unis, au contraire, le haut *building*, comme nous disons, la tour, est synonyme de richesse et, carrément, de luxe. Au point que, là-bas, rien n'est plus facile que de se diriger dans une ville qu'on ne connaît pas, si on cherche le centre : en ne perdant jamais de vue les tours.

Ainsi de Fresno, 280 000 habitants. Au pied des tours, où nous garons la limousine. Oh, il faut bien avouer qu'elles nous semblaient, comment dire, un peu passées, un peu fanées, sans hardiesse, comme voûtées (si on peut s'exprimer ainsi de tours...), sans la marque qui leur est propre mais *basta* (le mot qu'il faut, je crois...). Ils ne manquaient pas, les magasins. Sauf qu'ils étaient tous fermés, les grands comme les petits. Tous fermés et aveugles. Aveuglés. Aveuglés ? Des vitrines où le jour ne passait pas, toutes barbouillées, peinturées à la hâte, où le soleil de longtemps ne donnerait plus et peut-être jamais plus. Des grilles de portes fermées, cadenassées, verrouillées, le triple tour de préférence au simple et au double, comme quand on s'en va pour un long voyage ou qu'on se méfie. Et partout sur le verre des vitrines, le fer des rideaux, au pied des portes et des murs, une poussière presque noire, des papiers portés là par le vent, des détritus que sans doute on balayerait demain ou la semaine suivante mais qui reviendraient dans cet abandon général et cette désolation sans tapage...

A mes yeux effarés se dessina, toujours dans ce quartier, à deux cents mètres, un Hilton. M'en approchant, je le découvris vieux et sale, décrépi, sa porte à tambour secouée de rotations grinçantes, comme j'en fis l'expérience.

Quelle catastrophe ? Tout simplement le Mexicain. Nous en avions le sentiment, depuis une demi-heure, ce que les Mexicains eux-mêmes confirmèrent, sur le pas des portes de leurs magasins à eux, où de grands cintres et de longs clous retenaient des chemises criardes, des ponchos bariolés, des chapeaux de cow-boys, tous articles qu'on retrouvait sur les hommes, les chapeaux de cow-boys les coiffant en ridicule car le Mexicain est en général petit et trapu, souvent gros — et je ne dis rien, ici, des bijouteries étincelantes d'un toc agressif de pacotille, des échoppes de sandwiches au remugle puissant. Les Mexicains avaient envahi ce Fresno-là, sans doute avec bonhomie et gentillesse — gentillesse que nous ne manquâmes pas de noter chez ces hommes assis sur les chaises qu'ils avaient sorties et disposées dans des jardins publics, au bord et au centre de places, désormais des *plazas*, aux abords de magasins et à la lisière de cours... Les Américains, avec le nombre des Mexicains qui augmentait d'autant plus que le leur diminuait au fil des départs, les Américains, à la fin, avaient renoncé. Partout dans l'Ouest des Etats-Unis d'Amérique existent des villages, des villes, des quartiers dans les cités où tout se passe comme si les autochtones se rappelaient le siège victorieux, voici un siècle et demi, des Mexicains à Alamo ! Alors, pas de siège ! La fuite.

Chinois, Vietnamiens, Philippins, Cubains... chassés de leur pays ou en allés de leur propre chef, reconstituent leur monde et d'autant mieux que, ce faisant, ils en expulsent les Américains. Nous n'étions pas, cet après-midi-là, à Fresno, mais dans un *pueblo* qui portait ce nom.

Pour en revenir au Hilton — un vrai Alamo, lui — c'était un vestige (plus pour longtemps : sa destruction est prévue, apprîmes-nous), le dernier témoin d'une époque révolue, celle où le monde était immense, l'espace infranchissable, la télévision inexistante, la légende florissante qui racontait le paradis en Amérique (que si la légende déraillait et que l'enfer fût évoqué, les gens n'en tenaient pas compte, si grand le besoin en eux de paradis...), les frontières hermétiques, la misère subie.

Alors, demandâmes-nous, Fresno où ? Et l'on nous montra, loin, très loin, encore plus à l'ouest de cette ville dont le quartier déchu était, pourtant, à l'ouest, d'autres tours, étincelantes, sous le soleil, d'une pierre, d'un verre et d'un acier à coup sûr généreux... Là-bas les Blancs, les beaux magasins, les commerces de luxe et demi-luxe. Trop loin, trop tard. Nous ferions aller avec nos vêtements et nous dînâmes d'un *chili con carne*.

Reno après Fresno et, à deux cents kilomètres de Reno, ce bourg. Je ne me souviens pas l'avoir écrit : je ne vais pas dans l'Ouest ou dans le Sud, à San Francisco ou à Charleston, Monument Valley ou les Appalaches, pour voir les Américains. Trop nombreux et partout dans le monde, pour un peu aussi nombreux ailleurs que chez eux. Trop jeunes : cinq cents ans. L'Amérique ? Trois milliards d'années, au moins et environ. Je vais en Amérique pour voir l'Amérique.

Oui, mais comment ignorer les Américains, ceux, en tout cas, que je vais dire ?

Ces hommes, ces femmes gros d'une telle grosseur, habillés de tels habits et ingurgitant, avalant, déglutissant d'une telle manière des choses d'une telle accablante, écœurante saveur — ou sans saveur aucune – qu'en Europe (me dis-je souvent en Amérique) sans doute les enfermerait-on, les soignerait-on... Les hommes, tout en fesses pansues, ventre ballonné, graisse découverte et exposée, les femmes ajoutant, à leur postérieur pluriel, débordant et étalé, et à leurs jambes variqueuses, de monstrueuses mamelles, à l'air et ballottantes, répandues, un coup à droite, un coup à gauche sous un corsage aux dimensions du soutien-gorge qu'elles ne portent pas. Terrible inhumanité et jamais ce costume, cette robe, ce sarrau qui masqueraient ou dissimuleraient un peu les formes pathologiques et, j'en suis sûr, pathogènes. Au contraire, tout ce qui serre, comprime et, du coup, boursoufle, expose en dilatant... Par exemple, l'ignoble salopette, qui mérite bien son nom.

Des formes pathogènes... Tout se passe

comme si les Blancs avaient contaminé les Indiens. Jadis, le bison, le poisson, la plante, la racine, le fruit et la prairie, la forêt, la course, la marche faisaient les Indiens tels que les peintres des Indiens nous les ont révélés : grands et minces et agiles. Aujourd'hui lourds et lents et obèses. Quelquefois, je me dis que, Blancs et Rouges confondus, c'est tout un peuple d'Américains qui insulte l'Amérique.

A deux cents kilomètres de Reno, Nevada, ce bourg et, ni dans la beauté ni dans la grâce, ces Américains.

Ailleurs aussi, si souvent, trop souvent.

Quand ils sont de ce calibre, je les observe malgré moi, les Américains. Honteux de moi et gêné pour eux. Aux regards que je leur porte je sais (et peut-être savent-ils, s'ils les ont surpris) que je ne suis pas américain. Ils ne se regardent pas eux ou, plutôt, ne se voient pas. J'ai été le témoin de quantité de rencontres entre les monstres, partout dans les fermes, les supermarchés, les restaurants et, à Las Vegas, les salles de jeux, et je l'affirme : les monstres ne se voient pas. Glissement des regards sur la graisse empaquetée, déballée, qui dégouline blanche — glisse le regard indifférent, vide ou ailleurs. Cette cécité à l'autre explique pourquoi les

Américains n'ont aucune pudeur à exhiber leurs formes déformées : ils ne se voient jamais avec le regard de l'autre, qui se refuse à eux et à prendre partie...

A deux cents kilomètres de Reno, ce bourg. En le quittant, je souffrais pour Ishi. Ishi ? Un autre des Indiens de ma vie intérieure. Pas un chef, lui. Un très humble. Je souffrais pour lui parce que, dans ce pays de monstres, à deux cents kilomètres de Reno, vers la chaîne des Cascades et du côté de Red Bluff, entre les fleuves Sacramento et Pitt, j'étais chez lui, où il avait vécu, dans la forêt d'où il s'était extirpé, un jour où il mourait de faim, de peur et de désespoir un peu plus que les autres jours. Chez lui, chez les siens, qui avaient habité là trois mille ans durant. Pourquoi « avaient habité » ? Parce qu'ils n'existaient plus. Tout simplement, et si on peut dire, ils venaient, à cette date de 1911, de ne plus exister. Après trois mille ans. Plus de Yahis, après trois mille ans. Morts petit à petit (là encore si on peut dire), les uns après les autres ou par groupes de deux ou de trois, les derniers d'entre eux l'objet de parties de chasse menées par les Blancs, encore au début de notre siècle et, un jour de cette année 1911, ce Yahi, Ishi, se découvre seul. Tout seul, après la dispa-

rition de sa sœur et d'un vieillard de sa paren-
tèle. Ishi, le dernier des Yahis. Le dernier des
Indiens de Californie. Encore plus boulever-
sant : le dernier des Indiens sauvages de l'Amérique du Nord. Un voyageur du néolithique,
attardé dans le néolithique, qui surgit dans le
XXe siècle. Exactement le 29 avril 1911 où, après
des jours et des jours de marche en forêt califor-
nienne et trois ans de totale solitude à se cacher
dans les bois, dans l'état de dénuement absolu
qu'on a noté, il entre quelque part, n'importe
où, au hasard. C'est la cour d'un abattoir.
Réveillés par les aboiements des chiens, les
bouchers se précipitent. Tapi contre la barrière
d'un corral, la bête, Ishi, nu « sous un vieux
morceau de toile de tente déchirée, un pan de
capote de chariot qui lui tombait des épaules
comme un poncho ». Le *sheriff*, accouru, lui
passe les menottes. Terrorisé, Ishi. Il révélera
qu'il pensait que les Blancs le tueraient. Résigné, Ishi. Il s'était jeté chez eux parce qu'il en
avait assez.

La suite est plus douce. D'abord, un *sheriff*
bien, qui comprend ou devine, démenotte Ishi
et, pour le soustraire à une foule avide (la
nouvelle s'est répandue d'un sauvage capturé...)
qui veut voir, toucher, l'enferme dans la cellule

de la prison réservée aux fous. Où il l'interroge longtemps mais en vain, Ishi ne comprenant et ne parlant que le yahi, que personne d'autre que lui ne comprend et ne parle. Recueilli par des anthropologues, qui deviendront une famille, Ishi apprendra l'anglo-américain, et les anthropologues, le yahi. Si personne ne s'exprime plus en yahi, au moins cette langue existe-t-elle dans un dictionnaire, où elle attend. Selon Waterman, l'un des anthropologues, « ... il y a des consonnes brisées qui sont parmi les plus jolies que j'aie jamais entendues de ma vie ». A mourir. La suite est plus douce, avais-je dit. La fin, hélas, ne l'est pas. Si rapide... Moins de cinq ans après sa capture, Ishi s'éteint, rongé par la tuberculose. Le dernier des Yahis. Le dernier des Indiens sauvages de Californie. Le dernier des Indiens sauvages de l'Amérique du Nord.

Il avait quarante-trois ans (à peu près).

Cette histoire merveilleuse... Rien ne provoquait l'étonnement d'Ishi : aucun gadget et ni l'auto, ni le train, ni le dirigeable, ni l'avion. La foule, rien que la foule. Le grouillement des humains. Il en découvrit un, de ces grouillements, une fois, sur une plage de Californie. Médusé, Ishi. Tant de gens. Il n'aurait jamais imaginé...

Nous, guère plus que lui. Personne dans cette vallée que nous quitterions pour des lacs de cirque, pays vide que traversaient les longs serpents morts de chemins que nous distinguions, avec peine, à leur vague amorce le long de la route et quand, à divers endroits de l'ascension nous avons mis pied à terre et avons gagné, à travers une végétation hérissée, des surplombs, ce fut pour découvrir, au fond de la vallée, des jeux frénétiques de micas et, sur la tôle que nous devinions surchauffée des voitures, comme des rougeoiements de brasiers. Au cœur de la Thoyable Forest, qui sans transition succédait, sur les hauteurs, au semi-désert, longtemps goûterions-nous à la paix heureuse des prairies sans fin, sans clôture, sans accident dans une monotonie belle qui semblait épouser, en douceur, un temps sans à-coups, enveloppé, enveloppant, dont nous aurions eu du mal à dire qu'il coulait, tant nous l'éprouvions peu dans cette espèce d'immobilité générale de l'herbe, des arbres, du ciel d'un bleu uniforme qui semblait filer une éternité sans histoires, sans nuages, sans rien, où, pour un peu, nous nous serions endormis. Peut-être en éternité. De temps à autre, mais toujours avec peine, en forçant les yeux, nous arrivions à sortir une

ferme, à littéralement, des yeux, la sortir de la
plateté dont elle semblait un élément à peine
remarquable, qui devait tout à notre insistance,
si petite et modeste et perdue dans l'immensité
de cette herbe haute, qu'elle ne paraissait même
pas incongrue d'être là, loin des troupeaux qui
s'étaient éloignés d'elle et peut-être ne lui
reviendraient jamais. L'Ouest, me disais-je,
l'Ouest... Un certain Ouest, où hier courait le
bison. A cette évocation forte et soudaine je
voyais enfin quelque chose se déclencher, se
passer et, dans l'air secoué et vibrant, dans
l'herbe écartée et sifflante, monter la sèche
poussière, longue à se dissiper, de ce troupeau
de dix mille bêtes au galop, là dans ma tête, là
sous mes yeux.

Je tendais les mains et des bisons attrapais les
ombres.

L'Ouest, me disais-je, l'Ouest...

Puis nous traversâmes de jolies petites villes,
non pas jolies par l'industrie des Américains,
mais par leur situation dans la plaine au pied
d'une Sierra Nevada dont nous ne cessions de
balayer du regard les flancs amples et creusés,
jusqu'aux cimes scintillantes, si hautes, si espa-
cées, si échancrées qu'elles ont beau encercler
les villes, elles ne les étouffent pas et, loin de

fermer l'horizon, semblent l'étendre. Le voyageur qui a le goût du ciel et, le guettant, découvre les nuages, observera qu'ils donnent à la ville qu'ils traversent par le haut, en la survolant, quelque chose de leur animation, comme un train qui brûle la gare...

Formes arrachées à la terre, toutes soulignées d'or, creusées de fleuves, hérissées de pics, prolongées de plages, plaquées de bancs de sable et ce n'était rien que l'armée en marche des nuages, divisée en masses qui se pressaient les unes derrière les autres.

Là encore, comme des trains.

Il nous arrivait de les dépasser et, si nos trajets s'y prêtaient, nous les attendions, non seulement pour regarder défiler ces rouleurs de nostalgie mais aussi pour les entendre ululer — ce sifflement américain à eux et à eux seuls, qui agrandit l'espace. Puis nous allions à la découverte des gares : dans l'Amérique profonde des bourgs, elles n'ont pas changé depuis cent ans, incrustées dans des images de western, où elles tentent de durer.

A Susanville nous quittons la US 395 pour la 139, dans la partie nord-est de la Californie, en direction de Klamath Falls. Toujours dans la Sierra Nevada. Par trois fois, au cours de deux voyages successifs, j'aurai manqué, au nord-ouest du lac Tahoe, près de Loyalton, ce lieu de haute montagne en pleine Sierra où, surpris par des neiges précoces, le groupe de pionniers conduit par George Donner, en provenance de l'Illinois, fut contraint à un bivouac forcé et les pionniers qui n'y résistaient pas à se manger entre eux. Nécrophagie ici, cannibalisme là. Quarante-sept survivants sur quatre-vingt-sept. Enfant et, sous l'occupation allemande enfant affamé, la révélation de cette tragédie m'a beaucoup marqué. Comme souvent j'ai été un acteur de ce moment de l'histoire américaine et cent fois ai-je accompli, au nord de la Squaw Valley, en pleurant sur la misère de mes compagnons et sur la mienne, l'ascension de ce qui est devenu la Donner Pass. C'est pour la suite que je ne me suis jamais décidé : mangeur, mangé ? Je rate la Donner Pass parce que je n'ai pas vraiment envie de la franchir — un de mes difficiles souvenirs d'enfance.

Le temps est venu, car ils se multiplient, de dire l'attraction que les *land marks* exercent sur moi, savoir les panneaux d'information culturelle qui prolifèrent au long d'une bonne partie des routes américaines. S'agit-il d'Histoire, comme la plupart du temps, vous lisez en sous-titre, « Point of Historical Interest ». Vais-je le reconnaître ? Oui : ces *land marks* sont quelquefois des attrape-nigauds. Quelquefois : euphémisme pour souvent. Encore que je distingue entre les attrape-nigauds tout à fait et les presque attrape-nigauds. Alors, s'arrêter à chaque fois ? Oui, en tout cas pour moi : j'espère toujours le grand *land mark* et quelquefois (souvent ?) j'en ai découvert qui, dans l'excitation, ont fait galopantes, amples et grandioses mes visions ou, s'agissant d'Indiens, désolées. Comme on sait, les Américains ont peu de passé, ce que les mauvais traducteurs rendent, et jusqu'en Amérique, par les trois mots suivants : pas de passé — de pas ou peu de passé ils souffrent. Je connais, que je ne fréquente pas, des iconoclastes qui pour un peu d'Egypte, trois fois rien de Grèce, une poussière d'Italie, donneraient et tout le Sud, et toute la guerre de Sécession, et tout l'Ouest. Je les ignore.

Peu de passé, donc, ou trop peu, de sorte qu'à la moindre trace, fût-elle la plus modeste, la plus insignifiante, ils plantent un *land mark* : à l'extrémité supérieure de deux piquets fichés en terre, un grand rectangle de bois qui raconte, évoque, dessine et qui tente, où je m'émeus, de retenir le temps. Nul doute que je distinguerai, plus loin, quelques *land marks* emblématiques. Ici, à Jack's Valley, celui-là, d'une exemplaire sobriété : « Jack's Valley – name for John "Coyote Jack" Wright. » « La Jack's Valley — appelée ainsi en l'honneur de »... La plupart des automobilistes doivent redémarrer en pétard. Moi, j'aime les coyotes.

Dans notre ascension vers Klamath Falls à mille mètres d'altitude, nous n'en finissons pas (nous n'avons d'ailleurs pas l'intention d'en finir...) de longer des lacs, tous plus romantiques et donc déserts et solitaires les uns que les autres, celui de l'Eager, par exemple, que cinq cygnes et trois bernaches sillonnent — pas d'autre vie que l'animale et point d'animale autre que celle-là. Monotone et belle, la route taille dans un maquis épais à droite et à gauche, piqueté d'arbustes. La seule surprise vient de pas de surprise : des lacs marécageux, encore des lacs, toujours des lacs, dont les quarante-huit kilomètres de long de l'Upper Klamath Lake, et toujours personne sur les bords ou sur l'eau, pas d'hommes, pas d'esquifs non plus, seulement la demi-douzaine de canards et les trois cygnes, sauvages bien sûr. Une fois, parce qu'ils sont cygnes et sauvages, nous arrêtons la voiture et, à la jumelle, nous regardons ces oiseaux glisser et porter au loin, vers nous et peut-être plus loin que nous, le regard toujours sur le qui-vive de leur œil sévère...

Sur cette route-là, j'ai vu, une fois, le soleil se coucher, presque invisible, perdu loin et profond dans son antre de ciel qui semblait fait d'aériennes couches superposées de nuages, de masses cotonneuses, de formes en l'air comme distinctes du ciel, immobiles, tenues à rien au-delà d'une improbable pesanteur et plaquées sur la rotondité du ciel.

Comme nous approchions des limites de la Californie et de l'Oregon, les contreforts des Rocheuses surgirent, çà et là, enneigés... A chaque fois, le cœur qui me bat. Les Rocheuses dans la beauté et la magie, comme je sais. Cet Ouest-là. Au paysage de maquis en succédait un autre que composaient des prairies grasses, avec, enfin (cet adverbe ici n'exprime pas le soulagement mais se réfère à un simple constat d'absence), des fermes, du bétail, quelques cavaliers (*cow boys* ?), quelques paysans (sans doute).

Et nous fûmes en Oregon, après la Californie et un petit morceau de Nevada, que j'ai sauté. Oregon : une grande, très grande invention. L'un des mots les plus beaux du monde. A cause de sa première syllabe, chargée d'or ; de la seconde, qui résonne comme un gong. Dites : Oregon, à mi-voix ou, mieux encore, à voix haute, et vous voyez l'or, vous entendez le gong.

N'en doutez pas : déjà dans la magie et la beauté, l'Oregon.

Le pays où courent, à jamais, le lynx et le coyote de Claude Lévi-Strauss.

Je l'aime aussi, faut-il le dire, à cause de sa piste, que je ne cesse d'emprunter dans le temps arrêté ou dans un temps qui va son chemin de temps dans le temps arrêté, celui de mon voyage hors d'haleine et toujours recommencé sur l'Oregon Trail. La Piste de l'Oregon. Oregon, mot de magie. Sa piste est l'un des moments forts de ma vie intérieure, avec, pour m'attirer à l'ouest du Mississippi, celle de Santa Fe et les séquoias et le bison et encore ce que, plus loin, je rapporterai. Que le malheur me frappe, que coure en moi le sang mauvais de l'amertume, que me vrille la souffrance, que m'attriste la déception et je surgis aussitôt sur la piste, ou elle vers moi et dans le wagon de l'Ouest nous allons vers le paradis de l'Ouest, la femme idéale (qui n'est pas forcément la femme de l'Ouest) et moi.

Oregon que j'aime aussi mais le cœur serré, à cause de la déportation loin dans le Sud, en Oklahoma, du peuple modoc et la pendaison de son chef, Captain Jack, en public le 3 octobre 1873, avec quatre des siens, à l'issue de cette guerre perdue, la Modoc War — Captain Jack suppliant qu'on lui infligeât n'importe quelle mort, sauf celle que provoque le bâillon et la corde parce que l'âme, avec la gorge comprimée par strangulation ou étouffement, ne peut échapper au corps par la voie naturelle de la bouche. Captain Jack terrifié — et quand même pendu. Détenu où ? Jugé où ? Exécuté où ? Là, ici, après la sortie de Klamath Falls où nous sommes entrés par l'Oregon 39, dans l'intention de poursuivre sur la 62 West. Là, ici, à Fort Klamath, le fort rasé aujourd'hui jusqu'à la dernière pierre et dont un *land mark* atteste l'emplacement dans cette prairie belle et vaste où se succèdent, vers l'ouest, des rideaux d'arbres. Captain Jack dont en vain en Oregon, et n'importe où ailleurs aussi, j'aurais cherché l'esprit si j'avais décidé de le faire, comme dans *La Pierre et le Saguaro* celui de Geronimo en son pays chiricahua et huachuca, vainement de même — trop de temps et trop de Blancs entre l'Apache et nous, avais-je alors pensé — mais ici il y avait une évidente raison, l'âme de Captain Jack incapable de s'échapper et morte désespérée dans le corps mort du héros, où, affolée, elle s'était heurtée... Je l'imaginais, l'âme, je l'imageais en bourdon prisonnier du cadavre hermétique comme une fiole et nous avons repris la route.

Dans le pays laitier de Tillamook (Tillamook County), des cirrus exubérants — peut-être fous, peut-être la proie d'un immense bonheur, que nous pressentions et partagions — étendaient les flammes et les pavillons blancs de leur matière cotonneuse qui, aux extrémités du ciel, s'amincissaient en fils de la vierge, cependant que du foyer de cette pétulance, qui semblait s'activer dans l'ensellement entre deux collines, montait une gerbe conquérante, d'une telle densité que nous ne pouvions imaginer qu'elle pût disparaître un jour et peut-être ne se fût-elle jamais dissipée, avec la nuit qui ne serait jamais tombée, que nous serions encore là-bas, dans le comté de Tillamook, pour l'éternité belle que promettait cette splendeur, cette folie...

Je disais, doucement, peur sans doute de m'intimider moi-même en m'entendant, je disais doucement de ma voix intérieure : tu avances à travers l'Oregon, tu cours dans les forêts de l'Oregon, tu longes les lacs de l'Oregon, tu attrapes les ombres de l'histoire de l'Oregon et l'or s'élevait sur les herbes, couvrait les arbres, piquetait l'eau, un or que je trouvais du bonheur à imager en poudre et paillettes mouillées par la pluie des nuages surgis du Pacifique tout proche, et alors dans les herbes, l'arbre et l'eau j'entendais cette sourde musique que j'ai dite...

Ore-goo-o-ng, mot de magie.

Là, par la grâce des visions dorées et de la musique obsédante comme d'un tambour indien, j'étais transporté sur la Piste de l'Oregon.

Dont je m'arrache. Au bout de cette grande forêt de sapins et des congères, un troisième parc et une autre merveille : le Crater Lake National Park.

D'un canyon profond de soixante-quinze mètres montaient haut et volaient loin, où l'air

finissait par les dissoudre, des plumes qui
n'étaient pas d'un monstre d'oiseau aveugle au
cœur labyrinthique de la terre mais de la
vapeur, rien d'autre que, légère comme plume,
de la vapeur qui s'échappait des fentes multi-
pliées dans cette nature pétrifiée de rocs et
j'imaginais, à l'origine de ces fumerolles, une
sifflante et rauque agitation de gaz, avec leurs
pustules et leurs clapots. Partout où le regard
accrochait, au-delà de l'écran impalpable et toujours renouvelé des fumerolles, il découvrait
des pinacles, des aiguilles qui se hissaient au
flanc de la falaise de cendre. Les cônes surtout
retenaient, si désolants et fragiles dans cette
nature brûlée : on eût dit que, peur de débouler,
ils s'étaient arc-boutés, avec leurs voisins les
sapins qui, eux aussi arc-boutés, avaient, à peine
croyable, poussé dans des lits de cendre, où ils
grandissaient, à partir de racines jeunes, me
disais-je, jeunes parce que, le feu les ayant
épargnées, il faut bien qu'elles lui soient posté-
rieures...

Puis, avançant à pied, nous fûmes au bord de
la merveille, que nous surplombions. Les shamans interdisaient aux Indiens de la regarder,
d'en parler, de sorte que les trappeurs descendus de Canada longtemps ignorèrent son exis-

tence : cinquante ans après leur arrivée dans le pays, ils ne savaient rien d'elle — ils en devront la révélation aux chercheurs d'or de passage... La merveille ? Crater Lake. Dans ce pays de volcans, un lac de la chaîne des Cascades. Voici sept mille ans, une montagne s'effondra, creusant ce trou (un trou, non, un abîme !) dit caldera où l'eau a bondi, qui cherchait un lit, un pays. Elle les a trouvés. A jamais. Je dis à jamais car je n'arrive pas à penser que les grands ébranlements, les grands déplacements, les grandes secousses de la terre ne soient pas derrière nous (loin derrière — et bien avant, outre vous et moi, l'homme) et aujourd'hui peu disposés à recommencer le chambard. Sans doute serais-je moins contraint à l'imager si la terre ne s'en montrait si avare. Encore que le spectacle d'une révolution géologique n'aurait rien pour me déplaire, loin de là, j'aime cette idée que les choses sont pour l'éternité là où elles sont. Eternité que je ne suis pas jaloux, seulement envieux, qu'elles aient — moi à qui son assurance et sa perspective manquent tant. Je me dis que c'est toujours ça de gagné sur la générale décomposition. Qu'elles en profitent, les choses. L'eau s'en sort, et le lac. Tant mieux pour eux.

Crater Lake : ceinturé de côtes accores, avec des falaises qui tombent si droit que ce qui les retient, se dit-on, va finir par céder et qu'elles vont choir, crevant l'immobile surface du lac — immobile sauf pour le continu liséré de ses frémissements. Certaines parties de la pente étaient encore enneigées et nous distinguâmes, côté droit, une île hérissée d'arbres si serrés et jaillis et pointus qu'elle était, au loin sous le ciel bleu, un hérisson géant. Grandiose.

A Lake View, un autre aspect sur Crater Lake. Les falaises, ici, ne sont pas toutes à pic. Il en est qui amorcent vers Crater Lake un glissement doux. Des à-pic qui seraient des amorces douces. La nuit commençait à descendre, baignant de rose les formes, le rose distinguant les masses au lieu de les noyer, comme eût fait le noir. Je me demande souvent : quelle est la nature de la nuit ? Monte-t-elle ou si elle descend ? Le rôle, là, des mots. Ils ordonnent la vision du phénomène. J'ai interrogé dix personnes : toutes disaient « la nuit descend » et, pour elles, il est dans l'ordre des choses de la nuit de descendre. Avançant que, peut-être, elle montait, j'ai provoqué de l'étonnement.

Le soleil promenait des rayons alanguis. Il nous eût fallu être ici depuis le début de son déclin, aujourd'hui sans doute une heure plus tôt, et suivre l'agonie d'une lumière qu'il avait eu l'ardeur de mener d'un bout à l'autre des montagnes, d'une rive à l'autre du lac. Immobile, le Crater. Comme pris dans une espèce de liquide matière figée. Rien ne le parcourait, rien ne le troublait, rien ne le creusait. Rien jamais ne le parcourt ni ne le trouble ni ne le creuse, abrité qu'il est des tempêtes — rien qu'une surface qui se ride, indéfiniment parcourue de chevrons, de friselis, de moirures qui ont des chatoiements de paon et sont les caresses que le vent, souffle retenu, prodigue à l'eau (sans le vent, l'eau saurait-elle qu'elle existe ?).

Si peu susceptible d'émotion, le Crater, et de bruit, que je me suis récité, une fois en le regardant, un passage du *Pop Vuh* : « Voici le récit du temps où tout était en suspension, tout calme, tout en silence, tout immobile, muet et vide dans l'extension du ciel. »

Le plus fort sentiment que donne l'eau : celui de l'immobilité, de l'intemporalité, de l'indifférence. Inaccessible. On ne saura jamais rien d'elle, là, dans cette cuvette si étendue, dont elle est à la fois la surface et le fond, eau menaçante sans doute sous son apparence impassible. Que si vous la fixiez trop longtemps, grand le risque qu'elle vous happe. D'ailleurs, elle guette l'intrus, le nageur fou qu'elle hydrocuterait au plongeon et, dans son eau glacée, ensevelirait...

A Discovery Point, un autre aspect de Crater Lake. Sa sereine beauté s'accomplit dans le silence, si parfait qu'il accroît, chez le spectateur, le sentiment d'une nature sûre d'elle, qui régente bien au-delà de son royaume d'eau. Quelque chose de religieux, ici, comme l'autre jour avec les séquoias, mais d'une religion dont il y a tout à redouter, à Crater Lake, orgueilleux, dominateur, à l'épreuve du temps, une même eau sous la pluie, la neige, le vent — la pierre que lui lance l'enfant : elle s'ouvre alors et aussitôt se referme. Jamais heurtée, jamais blessée, le corps étranger, elle le digère. Crater Lake vit en vase clos et je suis enclin à penser que son hiératisme tient en partie à son hermétisme : aucune rivière, aucun torrent ne le pénètre et de lui rien ne sort, aucune eau. Je pourrais avoir peur du lac alpin.

Il ne gèle presque jamais. La dernière fois ? En 1949. Le soleil l'aime tellement qu'il lui prodigue rayons et chaleur, que Crater retient tant et tant, l'avide, et la glace dès lors n'arrive pas à se former. Information qui ajoute à ce que j'ai révélé de ce lac inquiétant et souverain, le plus profond de l'Amérique (toutefois moins que le russe Baïkal, ce qui m'agace).

Reste à dire le bleu.

Exceptionnel. Passé, comme celui de Santa Fe, à la légende. Mon récit, plus haut, à propos de ce Crater avide ! Eh bien, il avale tout, toutes les couleurs. D'abord les plus faciles, qui sont les rouges, l'orange, le jaune, puis le vert. Certains bleus ensuite : les plus légers reçoivent ce même traitement. Tous absorbés, ni vu ni connu et jamais revus. Arrive le plus soutenu, le bleu-noir (je suppose). Celui-là, l'eau ne le garde pas. Elle le prend, s'en imprègne et, avertie, soucieuse de beauté et des flatteuses rumeurs, comme d'une autre eau, qui courent le monde à son sujet, elle le renvoie à sa surface, où il s'étend et se colore. Fabuleux. Le genre de savoir qui me rend fou. Le bleu de Crater, Crater l'a voulu cette couleur-là, pas une autre, pour apporter la note bleue au chant du monde.

Dans la magie et la beauté, Crater Lake.

Après deux jours dans la contemplation de la merveille et des excursions autour d'elle, retour sur nos pas, jusqu'à l'intersection 39, où nous mettrons une fois encore le cap au nord. Dans ce haut paysage de prairies sous le soleil et au pied des monts enneigés, des rouges-gorges qui sautillent dans les pattes des biches qui bondissent. Vrai. A un moment je découvre, dans l'irritation, que nous avons pris une route pour une autre : nous allons à Klamath Falls, dont nous ne voulons pas.

A la vérité, les cartes se sont trompées. La route que nous aurions dû prendre, elles l'ignorent. L'occasion de dire, ici, la cartographie américaine hasardeuse, inférieure à la nôtre, brouillonne, avec une information souvent incertaine, en général rare et, quelquefois, nulle. Il vous arrivera de rouler cent miles (cent soixante kilomètres) et de chercher en vain un panneau indicateur, l'énoncé d'un lieu. Vous traverserez des agglomérations sans nom, que vous quitterez sans avoir appris à les nommer. Plusieurs fois par jour sur les routes de l'Amérique profonde, vous n'échapperez pas à votre inquiétude : où suis-je ? là où je devrais être ? où je crois me trouver ? Nouvelle manifestation du vieux duel entre nature et culture et, ici, la nature qui triomphe. A la réflexion, je ne m'en plains pas.

Triste paradoxe : semble-t-il, la nuit porte malheur aux animaux nocturnes — en revanche, le petit matin est néfaste aux biches, dont nous découvrons, sur le bord des routes, les cadavres.

Sur l'Oregon 97 North, en direction de Bend. Nous sommes arrêtés par des camions en travers de la route, d'où émergent des bouseux qui nous tendent des imprimés où je lis : « Sauvez un emploi — Tuez une chouette mouchetée » — en réplique à ceux qui se battent pour empêcher, au bénéfice des cultures et du grouillement humain, la destruction des forêts et de leurs hôtes. Sale jour. Nous repartons, après avoir feint de ne pas comprendre l'anglais, sur cette 97, à présent une *Interstate*. Elle traverse la Winema et deux autres forêts, la National Forest et la Destouche National Forest.

Ces précisions de routier pour orienter le voyageur vers Bend, qu'il traversera afin de rejoindre l'Oregon 20 East, une *State* qui mène à Burns. Pourquoi Bend et Burns ? Parce que l'étendue entre ces deux villes offre l'exemple parfait de ce que j'ai appelé, selon un mien néologisme, la plateté (pour éviter platitude, bien sûr). Dans un exemple saisissant de paysage américain type, la plateté américaine et type : route interminable, comme il se doit, ligne droite à perte de vue, comme il se doit aussi, sans personne devant vous, sans rien à dépasser que des grumiers, à trois ou quatre reprises, chargés au point de rupture des essieux. Quatre camions donc et aucune voiture sur rien de moins que cent kilomètres. Des espèces de routes inutiles, comme l'Amérique en offre tant, chargées, je suppose, de désenclaver un lieu qui est rien, une humanité qui s'est dispersée, en faillite, ou repliée sur elle-même, dont sont issues les ombres crasseuses qui empoisonnent le coyote, piègent le *raccoon* et hantent les estaminets croulants où ils vendent les peaux aux tenanciers qui les achètent à l'intention d'hypothétiques touristes... Route monotone, au bitume marqué comme d'écailles de vieux serpent et qui fuit au milieu d'un impersonnel maquis de buissons, l'ordinaire paysage de l'Amérique plate. Rien qui se compare, faut-il le dire, à la pierre, aux mégalithes, au bleu des lacs et aux séquoias, rien qui ait la beauté et le mystère de Monument Valley, Bryce Canyon, Yosemite, Crater National Lake et, demain, le Yellowstone et le Grand

Teton... Reste que la plateté longue, uniforme et sauvage provoque chez le voyageur émotion et excitation, comme je les ai éprouvées au Wyoming, que je raconterai, où il me semblerait que je comprends tout...

Les quelques autos et poids lourds que nous croisions lançaient, comme des navires en détresse, des signaux : on les devinait au loin plus qu'on était assuré de les avoir vus, chancelantes chandelles dans les brumes de chaleur denses et ondulantes qui se révélaient, à hauteur de notre capot, les phares de véhicules que, sans eux, nous n'aurions jamais pressentis, là-bas au bout du monde de la terre plate à ras de route...

Au *land mark* de Fort Harney, où je n'ai pas manqué d'arrêter, je lis, dans le saisissement, que s'étendait naguère à cet endroit une réserve indienne au nom que j'estime lugubrement prédestiné : Malheur Indian Reservation.

Les Indiens Malheur ! Et comme s'il ne suffisait pas, les monts Malheur, tout autour et, là-bas, le lac Malheur...

A quatre-vingt-dix kilomètres d'Ontario, et toujours en Oregon, ce *land mark* qui relate que, en 1838, une expédition partit de Fort Nez Percé, aujourd'hui Walla Walla, à destination du fleuve Humboldt au sud, puis vers le Grand

Lac Salé à l'est et que l'expédition dura dix mois, sous les ordres de Peter Skene Ogden, qui commandait aux trappeurs de la Compagnie de la baie d'Hudson. La cinquième expédition d'Ogden dans le pays du fleuve Serpent (la Snake River). Le butin de la troupe : deux mille castors.

Ce *land mark*, l'un de ceux qui jalonnent la Piste de l'Oregon et pour lesquels je marche à tout coup, dans l'Histoire et sur la piste, une carabine Enfield à l'épaule.

Il se dressait dans un paysage de moyenne et verte montagne, de rivières et une voie de chemin de fer traversait, au si maigre écartement de rails dans l'herbe, qu'il évoquait les trains de jadis voués à un vrai travail ou à courir en hauteur et peut-être est-il devenu, aujourd'hui, une relique...

C'est alors que je m'efforçais d'oublier ce vocabulaire de malheur — ce pays multiplie Malheur sans beaucoup de réflexion, me disais-je, ainsi de ce nouveau Malheur que nous venions de franchir, un petit fleuve... — c'est alors que la route entreprit de longer ce qui restera pour moi l'un des plus beaux paysages d'Amérique, avec tout le mystère et la détresse de celui, évoqué plus haut, où s'ouvre la route de Bend à Burns et, en plus, la grandeur et le bonheur : la haute, très haute montagne s'élevait sur la gauche, partie de je ne savais où pour arriver Dieu sait où, à coup sûr de très loin derrière nous à très loin devant nous, succession de cônes arrondis, d'éperons paisibles, de rostres émoussés, de blocs d'équilibristes, de ravins en douceur, d'ensellements délicats, de roches modestes — rien d'agressif, rien de guerrier — qui se haussaient, s'étalaient, sur des surfaces de pierre et de terre en pentes retenues qui juxtaposaient le vert émeraude, le vert-de-gris, le jaune, où le soleil, malgré l'été, se retenait de frapper, ses rayons tamisés par le grand filtre d'un nuage faisant faible la lumière échappée — ce paysage arcadien pendant les quelque quatre-vingts kilomètres de la route qui menait à Ontario dans l'enchantement des formes et la surprise sans cesse renouvelée de vallées, d'échancrures... Et toujours le fleuve : non plus le Malheur mais la Payette et toujours pas de petit train mais toujours la voie étroite des deux rails et on finissait par le voir, ce train qui se jouait de la géomorphologie, contournant les obstacles ou les doublant, disparaissant pour reparaître, de nouveau s'évanouir, puis resurgir — et comment ne lui aurait-on pas prêté le goût des bons tours ? Ce décor et cette scène jusqu'à Ontario, où nous prenons l'Interstate 84 en direction de Boise dans l'Idaho, dont nous franchirons la frontière qu'elle partage avec l'Oregon et la franchirons où ? Sur la Snake.

Dans la beauté et la magie, ce fleuve.

La *Snake* : le Serpent. Avec le Saumon (*The Salmon*), la Poudre (*The Powder*), la Platte, la Langue (*The Tongue*) et la Columbia, les grands fleuves emblématiques de l'Ouest. Tellement grands qu'ils se divisent, pour un bonheur pluriel où je plonge : Serpent Supérieur, Serpent Inférieur, Fourche Septentrionale et Fourche Méridionale du Saumon — j'en passe. Le Saumon, le fleuve de *La Rivière sans retour*. Le fleuve qui se jette dans le ciel. Des fleuves qui font, sur des mots puissants, de puissantes images. J'aime comme un fou et, dans mes rêves et mes visions, je me livre à la difficile tâche de pêcher, sur une plate où je tire la langue, le saumon dans le serpent ! Des fleuves qui ont fait l'Histoire de l'Ouest et en sont la légende, de la Californie au Washington et à l'Oregon, de l'Idaho au Nebraska et du Wyoming au Montana. Tout l'Ouest américain est là, qui se prolonge dans le canadien, où mon cœur bat pour l'Alberta, le Manitoba et le Saskatchewan.

Puis nous touchâmes à Rattlesnake (Serpent à sonnettes !), halte de diligences qui, dans un semi-désert de moyennes montagnes pelées et de roches à nu, n'existerait plus dans le vent et la pluie, sans le *land mark*, et à Rattlesnake je l'ai si bien vue, la diligence, si bien imagée, si d'évidence la même aujourd'hui qu'hier, que je suis monté, souple dans mes bottes mexicaines, élancé dans ma longue veste, sans doute beau dans ma chemise aux manches et au col légèrement bouffants, avec une mince cravate de corde tressée, mon chapeau de cow-boy et, qui tenait les pantalons, la ceinture intaillée en son milieu d'une turquoise. Monté pour quelle destination ? Ces mines d'or, dans la vallée, dont la rumeur de la découverte est venue jusqu'à moi. Le prix du voyage ? Vingt dollars, que j'ai payés à cet employé de la Fast Western Stagecoach Line, en sus d'un péage de vingt dollars encore car nous roulons et ahanons sur la Toll Gate...

Dans le Boise National Park, où nous venions d'entrer, nos yeux cherchaient, à distance, dans les contreforts des Rocheuses retrouvées mais j'étais aussi, dans ce même Idaho, ailleurs dans l'espace et dans le temps, sur une route de raccord de l'Oregon Trail où, mêlé à des émigrants, j'avais passé Castle Rock, dans un paysage de granite érodé et, à un moment, avec tous les voyageurs mâles de la voiture, pour la soulager je suis descendu dans l'ascension de cette route jeune, mais vieille déjà de l'émigration, qui partait vers l'Ouest à travers Camas Prairie et descendait plus loin dans la vallée plus bas, où nous sommes remontés pour rejoindre l'Oregon Trail à quarante kilomètres...

Je regarde les pics enneigés des Rocheuses, loin, très loin et peut-être mes yeux les mêmes que ceux des pionniers, voici cent trente ans, pleins des mêmes images, des mêmes rêves et des mêmes ombres...

Le ciel s'était creusé, et ce faisant, il semblait avoir reculé son horizon, offrant peut-être la plus vaste surface de ciel que j'aie jamais vue, incurvée à chacun des points cardinaux et dans cette cuvette en l'air la grande montagne poussait haut ses pics, écrasant la moyenne au-dessous d'elle, où nous accéderions par des prairies riches sous un charroi de nuages en formation, sombres et leur course rapide. Si beau ce paysage de nuages, si légère et gaie la lumière, que nous ne fûmes pas surpris de lire, sur un panneau qui n'était pas un *land mark*, Hidden Paradise, Paradis Caché. A neuf kilomètres. Nous ne nous sommes pas déroutés pour l'aller voir car, ce matin dans ce pays, le paradis était partout.

Nous ne nous lassions pas de regarder, dans les champs, ces grands tuyaux posés sur roues, vingt, trente roues, un robinet toutes les deux roues, qui servent aux paysans pour arroser. Plus efficaces que le simple tuyau ou le tourniquet, bien sûr. Cet engin pour nous inédit ne nous aurait pas aussi intensément retenus s'il n'avait pas attiré les mouettes qui, par dizaines, dansaient autour de lui, le frôlant pour s'asperger. Ce bain aérien des oiseaux était beau de leur ballet tout en grâce et criard.

Entre Boise et Arco, sur l'Interstate 20, qu'elle était tentante cette partie de l'Idaho! Vastes prairies, chevaux, rivières, le paradis ne cessait pas que nous devinions, ici, celui du chasseur et du pêcheur et toujours le ciel chargé de nuages, prodigue d'un soleil si puissant qu'il les perçait, tombant sur nous ou à l'horizon en rayons tendres et tièdes, quelquefois vaporeux.

Approchant d'Arco, nous entrâmes dans une austérité de lave noire et — inévitable l'image — lunaire. Lave qui coulait partout, à droite, à gauche et au loin. Son pays. Obligés de s'ouvrir une piste, pour éviter un détour qui leur eût pris du temps et les eût contraints à subir l'hiver, les émigrants vivaient des jours hallucinés. Sur le *land mark* de Goodale's Cutoff (un *cut-off*, un raccourci), à vingt kilomètres d'Arco, je lis qu'ils réduisaient le plus qu'ils le pouvaient, à cet endroit, la surface de leurs chariots, qu'en outre ils allégeaient. Signé J. C. Menill, en 1864 : « A un endroit, nous fûmes obligés de franchir un gros rocher à peine plus large que le chariot. Nous serions-nous écartés de quelque dix centimètres à droite et à gauche, il versait. »

La route suit aujourd'hui la piste de naguère, dont sans le *land mark* nous ignorerions toujours la nature calamiteuse d'autant plus qu'elle offre, à un tournant, des collines aux arêtes arrondies qui se succèdent comme les fanons d'un éventail s'ouvrent et l'intense beauté de ce spectacle, où la lumière ajoutait, ne pouvait que nous détourner de la tragédie.

Et nous fûmes, près d'Arco, au Crater's of the Moon National Monument : ce qui se fait de mieux en surfaces désolées, en coulées de laves étendues comme des glaciers, en roches rongées, percées, desquamées, fissurées, émiettées, à nu, à sang, toutes noires et craquelées comme si le feu, il y a longtemps, avait brûlé loin en elles, jusqu'à leurs os de pierre, grands

tas charbonneux et hostiles, survivants de quelque catastrophe qui les aurait mille ans durant
léchés et consumés de flammes, peut-être à
l'époque des dinosaures, quand deux espèces,
les allosaures et les tyrannosaures se disputaient, au jurassique, voici deux cents millions
d'années, les grandes plaines de l'Ouest, et les
collines plantées dans la lave portaient çà et là
une végétation toute noire, comme si la forêt
là-haut, elle aussi, avait brûlé et que dans la suie
des cendres projetées les buissons ne pussent,
des milliers d'années plus tard, vivre leur vie
dont on connaît pourtant l'obstination, la téna-
cité à ras de terre et ce qui nous retenait ici,
après la désolation, dans un étonnement dont je
ne devrais pas m'étonner après ce que je sais et
que j'ai dit de l'Amérique pays des contrastes,
c'étaient, plus forts que les buissons, des arbres
tout droits, tout verts, par paquets dans cette
noirceur et désolation... Crater's of the Moon
National Monument : vingt-trois mille hectares
de champs de scories qui courent le long d'une
zone de fissures volcaniques. Comme des trous
de mines qui, montés à la surface de la terre,
exposeraient, complaisants, leurs flancs ravagés.

Plus loin dans cet enfer endormi, à North
Crater Lake Flow, nous longeâmes des cratères

qui, une fois, dans le temps, avaient décidé de se remuer, faire mouvement ce qui, avec eux, manque de douceur et, leurs vieilles parois éclatées, la lave s'était répandue à flots, inépuisable, bouillonnante, grondante, surchauffée, balayant l'énorme masse des parois en morceaux. Terminé ? Non. Voici deux mille ans, le cratère, qu'on eût pu croire endormi à jamais, après tant de dégâts, une telle ruine, la sienne, le cratère se réveille et, une fois encore (la dernière ?), répand le fiel de sa lave qui bave.

Les pierres offraient le spectacle de leurs empilements désordonnés sur les collines où elles dressaient leurs arêtes, leurs éperons. Et toujours le miracle d'arbres qui se hissaient dans des trous du diable, seul sourire de cette nature prise dans lave, cendres et suie, dont semblaient s'être échappés les corbeaux qui la survolaient. On eût dit que l'éruption et le feu, qui remontent, les uns à des millions, les autres à des milliers d'années, s'étaient éteints hier et qu'ils venaient tout juste, après l'avoir carbonisée, de figer la nature à jamais.

Nous n'arrivions pas à croire que ce monde de fin de monde, frappé de la stupeur du cataclysme qui le forma, s'étendait sur vingt-trois mille hectares. Jusqu'au bout du monde. Le

volcan avait dû vomir des mois et des mois...
Goodale's Cutoff : là commence une lave qui
s'étend jusqu'à Big Southern Butte. Sur la Piste
de l'Oregon, les pionniers se repéraient à cet
endroit pour s'orienter et, trouvées leurs
marques, ils s'engageaient dans les champs
noirs, boursouflés et déchiquetés, pour
rejoindre la plaine de la Snake River.

Dans le saisissement et la magie, Crater's of
the Moon National Park.

A peine l'avions-nous quitté que nous redé-
couvrions, en parfait contraste avec lui, cet
autre paysage de l'Amérique, de l'Ouest en
particulier, qui est le ciel immense et bleu. Le
bleu après le noir. L'effervescence du ciel après
la terre morne et morte. Ce ciel d'Amérique
semblait avoir reculé ses limites car il tombait
loin, très loin au bout de lui-même, où sans
doute la lumière tiède ne l'avait pas suivi, qui
nous baignait.

Puis nous entrâmes, après des routes longues
et droites, sans surprises, dans la Targhee
National Forest, par l'Interstate 20 qui, à travers une forêt de sapins, entreprend de monter... A quelque chose que je n'aurais su dire,
qui ne tenait pas à notre savoir de géographes et
de voyageurs attentifs aux cartes mais à des

signes (peut-être notre impatience nous don-
nait-elle le pouvoir de pressentir...), nous devinions Yellowstone de plus en plus près, non pas
Yellowstone le pays, où depuis longtemps nous
étions, mais son cœur, qui est, comme souvent
en Amérique, un parc, et ce cœur, comme s'il se
fût exposé, nous le cherchions, tantôt sur le côté
supérieur gauche de la route, tantôt sur le droit,
le long de cette montagne en majesté où le
brouillard semblait retenir la lumière qu'il fil-
trait et que nous recevions par quelques filets de
bleu vif, dans les relâchements ici et là de son
maillage.

Le parc du Yellowstone : le premier, le plus
ancien, le plus célèbre, le plus respecté et peut-
être le plus riche en trésors divers, de tous les
parcs nationaux.

Après quelques kilomètres, le ciel se déroba
d'un coup et il commença de pleuvoir, bientôt à
torrents. A travers les vitres fermées de la voiture au ralenti, nous surprîmes la course de
grandes formes fantomatiques où nous ne
sûmes pas mettre de nom, après en avoir énoncé
dix, tous possibles, tous douteux..., reconnaissables en revanche les biches, qui se hâtaient
lentement, sans doute pour chercher un abri et,
tout cinglées par l'orage qu'elles étaient, elles

n'en prenaient pas moins le temps d'arracher de l'herbe, devant nous où la route montait toujours, à travers un horizon si bas, si proche, qu'il semblait que le ciel s'en fût délesté, si noir qu'il n'était plus rien, que de l'invisible et du noir, où il fallait que nous avancions...

Quand, notre dernier voyage au Yellowstone ? Trois ans plus tôt. Quelques semaines avant l'incendie. Nous n'avions pas encore observé les ravages, jusqu'aujourd'hui, dans cette partie de la forêt où, tristes et silencieux, nous n'arrêtions pas de découvrir et de longuement regarder les arbres qui montraient leurs pauvres plaies grises là où leur peau d'écorce avait pelé...

Le brouillard s'étant dissipé, enfin, la lumière entreprit d'occuper le plus qu'elle pouvait de l'horizon à la fois revenu et reculé, sous nos yeux et bien plus loin qu'eux, lumière dont on connaît la beauté, après la pluie : alors sur le monde mouillé où elle brille et où elle semble s'être mouillée, elle aussi, des gouttelettes s'accrochent à elle, qui l'ont prise en vol, lui donnant ce frémissement et cette fragilité suspendus des toiles d'araignées... Rien qui ne soit douceur, tiédeur, vapeur d'haleine, balancements, ombres portées, soupirs, voluptés discrètes mais en nombre dans la prairie en fête où les oiseaux se sont remis à leurs musiques. Le simple bonheur d'être habite les créatures. Le monde recommence.

C'est alors, dans la lumière reparue et ce bonheur du monde, que je les vois. Même si ce n'est pas vrai, même si ce n'est pas toujours de cette façon, même si je ne pénètre pas toujours sous la pluie dans le Yellowstone, c'est bien toujours ainsi que je les vois, même si ainsi je ne les vois que quelquefois. Qui ? Les bisons. Les premiers bisons à chacun de mes voyages. Et comme à chaque fois que je pénètre dans le Yellowstone — leur royaume, on le sait, leur réserve à eux, pour que l'espèce perdure, qui a failli s'éteindre... —, et comme à chaque fois que je les découvre, j'ai été transporté chez eux, dans le grand troupeau des origines quand ils étaient soixante-dix millions et la prairie la Prairie, maîtres de l'Ouest par le nombre et par la force. Moi, l'attrapeur des ombres du bison. Moi, l'attrapeur de toutes les ombres de tous les bisons morts, soit soixante-dix millions moins deux mille, chiffres de leur espèce au bord de l'extinction en 1890. De soixante-dix millions à deux mille en quatre siècles ! L'écocide... Les dernières chasses, dans l'Idaho où nous sommes : 1840. A partir de cette date, les Indiens doivent grimper dans le Montana, où nous irons. Cette rumeur de grand troupeau, là sur ma feuille. Le grondement de la terre où ils courent, là sur ma feuille. Soixante-dix millions. L'herbe qu'ils couchent et la poussière qu'ils soulèvent, là sur ma feuille. Le bruit immense de mille et mille bêtes qui respirent, soufflent, meuglent, là sur ma feuille. Ma feuille qui tremble.

Une haute chaîne aux flancs de sable et de pierre barrait la route à gauche et cette même route surplombait, à droite, une vallée que se disputaient rivières, ruisseaux, torrents et jusqu'au Madison, un fleuve, lui, spectacle de course allègre qui eût suffi à effacer en nous la fatigue d'un long chemin, n'eussent été les arbres brûlés qui, tombés à l'eau, s'étaient dressés et tenaient à peu près debout, comme si l'eau pure du Madison avait infiltré d'une sève vivifiante leurs racines à jamais mortes.

Puis nous montâmes jusqu'au camp à ciel ouvert de Madison, à deux mille mètres de hauteur et, en redescendant, le spectacle se renouvela d'autres cimetières d'arbres, plus sinistres les uns que les autres, avec leurs grandes silhouettes perdues, noires ou grises.

Déjà se donnait à voir une des merveilles du Yellowstone, les geysers, comme on sait : ici en nombre et petits, dans leur odeur ordinaire, qui est le soufre.

Soudain, sur la gauche mais parce que nous avons eu l'idée de nous retourner, voici que s'offre une grande prairie, si ennuagée au loin que les arbres là-bas ne sont plus que des formes à peine distinctes quand, au premier plan de ce tableau qui pourrait être de Karl Bodmer ou d'Albert Bierstadt, une horde court dans un soleil fou de vitesse et exubérant, qui n'en finira pas, jusqu'à son coucher, de se hausser, de se baisser, de s'activer, de s'alentir, de se reprendre et de forcer des feux à ce point soutenus qu'on s'est pris à douter si les derniers adviendraient jamais... Beau.

19 h 15 ce premier soir de ce premier jour, celui de l'arrivée dans le parc et la lumière, tout à coup, est partout, radieuse, sculptant les cervidés dans un rayon, détachant leurs bois, perçant les arbres, dorant la vapeur des chutes et nous sommes dans l'émerveillement quand à cinq mètres de nous s'abat, que nous n'avions pas entendue ni vue descendre, une troupe d'oies

grises qui, sitôt à terre, battent des ailes, s'ébrouent, plongent leur bec dans les fondrières, caquetantes, gloussantes, crieuses et siffleuses, satisfaites d'elles, ignorantes de nous — le monde est beau. Longeant Elk Park, nous découvrons — grâces rendues à la pluie –, au-dessus des fumées d'un geyser, un arc-en-ciel que j'imagine lutter contre les nuages avec la volonté d'étendre son fragile empire rose, bleu, jaune... La palette, dans le ciel, de Marie Laurencin. Une demi-heure plus tard, la nuit a mangé l'arc-en-ciel.

Le lendemain matin de très bonne heure, en route pour le pays des geysers (le Sequoia a le séquoia, le Yellowstone le geyser) et, pour ce faire, il nous faut écarter, ou peu s'en faut, cinq élans.

Ce geyser-là qui fume, dans une forêt calcinée, aurait donné le sentiment que l'incendie avait repris mais nous savions bien qu'il n'en était rien et nous sommes-nous sentis libres alors d'apprécier cet étonnant spectacle de la fumée enroulant, à Emerald Spring, ses écharpes autour des fûts, par jeu, par dérision, comme pour protéger les arbres morts du feu qui les avait tués.

Au cœur du pays des geysers : innombrables

115

et partout, ici de simples trous circulaires, souvent petits, où l'eau, verte et bouillonnante, glougloute et éructe un bruit de clapotis.

Là, Porcelaine Basin : du fond de la vallée montent des fumées qui semblent, de loin, porter les grondements et les sifflements des geysers. Nous approchant, nous découvrons que les filets d'eau et les flaques font une surface de neige qui brille au soleil. Les fumées se contrarient, s'épousent, se séparent, dérobent l'horizon à chaque jet furieux et furieuse échappée, balaient le sol, se redressent tandis qu'il râle. Spectacle pour la stupéfaction et l'émerveillement des yeux, et peu complaisant à l'odorat. Qu'importe. La violence de certains jets confond. Ce sont de véritables éruptions, qui bavent sur la pierre noircie et poussent leur volutes, les unes à l'horizontale, les autres à la verticale sur la terre bosselée, craquelée, minée de trous à l'eau trouble et troublée. Blanche d'être frottée, la pierre salive.

A la surface des trous, l'eau est rose ou opaline... Sol bouleversé, érodé, percé, découpé en îles, chenaux, archipels. Sur la terre qui monte ses gaz chauds et disperse ses mofettes, l'horizon s'efface. Le voyageur s'attarde à observer, dans ce même Porcelaine Basin, un îlot de quelque trente arbres absolument nus d'écorce, de branches, feuillages, glands... Ils ont renoncé à tout ce qui fait la royauté belle de l'arbre. Quels autres arbres, je le demande, seraient comme eux dans la fumée, le remugle du soufre, la terre dévoyée, un voisinage d'eau démente ? Aucun autre. Ici chacun d'eux n'est rien que, dans un trou abominable, une silhouette de malade.

Il faut s'éloigner des geysers pour retrouver, que l'on aurait pu penser perdu, un monde vivant : des arbres qui ont gardé quelques couleurs fauves comme si l'hiver les avait ignorés et qu'ils ne se souvinssent que de l'automne, des lapins qui jaillissent, des oies qui s'ébrouent, un canard qui atterrit, l'orignal qui plonge, le faon qui détale et là, que nous surprenons sans qu'il s'en émeuve et daigne même nous regarder : le *jackrabbit* ou lièvre de Townsend, que nous avons reconnu à ses longues oreilles et à ses longues pattes aux extrémités toutes blanches.

Là où nous venons d'accéder, dans une plaine où affleure une eau de lac, les arbres composent une forêt de plus en plus dense, au fur et à mesure que nous marchons et, tout à coup, la forêt s'écarte, dévoile l'espace libre, à ras de terre et dans les airs, d'une coulée que bouche à

117

son extrémité, où il s'encadre, un pic sévère comme une sentinelle mais le chef tout là-haut dans une neige pure, qui le satine.

Les beautés se succèdent. Ici un autre pic : à la moitié de sa verticale, il est ceint d'un nuage blanc, qui lui fait une autre neige. Nous admirons longtemps.

Le lendemain, après la nuit passée au Mammoth Hot Spring Hotel, le vrai départ, à deux mille mètres et, presque aussitôt, cet ordinaire paysage extraordinaire de pierres qui fument. Ce matin d'ailleurs, tout le Yellowstone fume dans le foisonnement des petits puits, ou trous, beaucoup d'entre eux inattendus car ils se dissimulent dans l'herbe où on ne les soupçonnerait jamais de sévir, tant l'herbe, comme l'arbre plus haut, paraît peu faite pour le soufre. Ici, une succession d'escaliers blancs dans une pierre taillée à vif, marquée çà et là par cette couleur jaune qui tatoue de nicotine les dents et les doigts du fumeur, escaliers évocateurs des restes de cirque grec ou romain, à ce détail près que, à Opal Terrace, l'eau bouillante s'acharne sur la pierre, inlassable.

Sur les côtés de ces gradins miniaturisés d'Opal Terrace, les couleurs de la pierre tourmentée, ravinée, vont du vert pâle au marron

L'attrapeur d'ombres

foncé, avec des parties de lave aussi vertes que de la mousse. Cette lave amorce des cirques, des chutes. Les parties des escaliers à pente abrupte composent des falaises en réduction. Tout est petit ici mais, nous semble-t-il, reproduit à la perfection. Le Yellowstone promène ainsi son visiteur de spectacles géants à spectacles nains, dans la juxtaposition si américaine des contrastes.

Je connais aussi des sources taries. Jadis, Liberty Cap crachait fort, beaucoup, chaud, voire brûlant. Peut-être trop. Manque de souffle ? Il s'est arrêté, un jour... Peut-être mort à jamais.

J'ai vu la surface creusée d'une pente de lave toute mangée, nicotinisée, sulfurisée, cuivrée ici et vert-de-gris là, exsuder les filets d'une eau hargneuse d'où s'échappait une vapeur aux abois, au vrai affolée, pressée de disparaître, vite effilochée et, sur ce même solfatare repoussant, deux minces troncs d'arbres morts, inclinés, réduits à leurs seuls squelettes blancs et criant le malheur de naître sur une terre qui, sous les racines, brûle... Où, cette désolation ? A Devil Thumb.

Un matin, nous montons, par un rude chemin, à Liberty Cap Minerva Terrace. Encore et toujours plus de fumées, de gaz chaud, de fumerolles, de vapeurs, de mofettes, de nuages à ras la terre... S'offrent de véritables cirques, cette fois sous la forme de grands rectangles de lave éclatée en feuilles superposées, les uns blancs, les autres marron clair, d'autres gris et d'autres verts, certains tout blancs et, à un endroit, nous découvrons que la pierre pleure des stalactites d'où, dans un vacarme de torrent, s'élancent des volutes... Si nous n'étions pas à ce point marqués par le savoir, nous n'aurions pas manqué de reconnaître, comme les Indiens voici encore cinq cents ans et dans le Yellowstone voici quelque cent cinquante ans seulement, les manifestations d'une présence divine, les signes adressés d'en haut par les esprits aux shamans en bas, et peut-être à nous, signaux dont nous aurions tant aimé connaître la nature, au-delà de leur *rideau de fumée*.

J'ai vu ailleurs, partout dans le Yellowstone, dans des lieux dont je n'ai pas toujours retenu le nom, des flaques qui semblaient croupir dans des espèces de récipients aux bords accusés... Que si on découvre cette eau turbide par un autre côté du récipient, on observe qu'elle fume et s'épand comme une véritable cascade, d'un bleu opalin.

Une fois, la lave comme une espèce de sable blanc qui se serait lui-même piétiné... Une autre fois, cette terrasse de concrétions à laquelle j'ai accédé par un chemin qui traversait une nature pelée et désolée d'arbres tristes et de pierres plates, de trous noirs, de buissons nains. Repassant devant Devil's Thumb, je découvre que l'eau ruisselle sur la pente du cône, la dévale sans pour cela noyer la pierre qui, imperturbable, obstinée, fume...

Deux cents geysers dans le Yellowstone National Park et les plus grands du monde. Je les imagerai toute ma vie, tels que je les ai vus, tels que je les imagine, tels que mes visions shamaniques les ordonnent, où mon cœur bat.

J'allais dire : à côté... Je le dis : à côté des volcans de boue, des sources chaudes, des cratères, des fumerolles, des rochers d'obsidienne et des terrasses de concrétions, à côté : les bisons. Cinq ici, que nous découvrons à la jumelle, sans doute occupés à ruminer et que nous observons, longtemps. Un autre, là, à dix mètres, sa fourrure en lambeaux. A les compter, nous aurions abouti à cent ou cent cinquante, en huit jours. A Lake Park, un orignal : il nous regarde, sans bouger, le regarder. A vingt mètres.

Yellowstone donne à imager ce que notre monde aurait pu et aurait dû être : un autre monde et le vrai Nouveau Monde, que le Nouveau Monde n'est pas, où, faute de l'espérer ailleurs, je le cherche, dans l'illusion littéraire de le trouver, quelquefois, et dans l'illusion lyrique de le rendre, quelques fois. Un vrai Nouveau Monde et, dès lors, on aurait été moins préoccupé de découvrir l'Amérique qu'elle eût été partout dans la synonymie (la presque synonymie) que nous établissons entre elle et le paradis. Le droit de mort intensive que nous pratiquons sur les cervidés, les bisons, l'avifaune, les rapaces..., nous interdit ailleurs que dans les parcs leur commerce... Les parcs, par bonheur. Là, les animaux n'ont pas la mémoire du mal que nous fîmes, faisons et, un temps encore — le temps de vie que nous leur accordons —, ferons à leurs espèces. Extraordinaire histoire que cette mémoire qui se dérobe, au bout, je suppose, de trois (peut-être seulement deux...) générations d'animaux, ceux du Yellowstone aujourd'hui exempts des souvenirs de massacres qui, des siècles durant, marquèrent leurs gènes, provoquant chez l'animal nouveau-né une instinctive terreur des hommes, pour eux tous chasseurs quand bien même n'ont-ils pas connu et jamais ne connaîtront l'horreur panique de la poursuite. Le dirai-je ? Le visiteur des parcs en est un peu gêné. Ces biches qui ne fuient pas, ces élans qui restent sur place, ces oiseaux indifférents et ces rongeurs qui ne savent pas détaler — pour un peu on les dirait domestiques... Comme si la sauvagerie et le sauvage ne pouvaient répondre aux images qu'ils nous inspirent et à la séduction que nous leur prêtons que dans la peur que nous provoquons chez les animaux – et leur fuite.

Ce rêve en moi de parcs qui auraient existé en Amérique avant l'arrivée des Blancs, rêve qui n'est pas si sot car l'Amérique alors était un parc, du Grand Lac des Esclaves au septentrion tout là-haut jusqu'au golfe du Mexique en bas, rien qu'un parc (je n'ai pas dit immense mais, n'est-ce pas...) où je ne cesse de me projeter, de courir dans une fièvre d'images que je bats comme des cartes, tour à tour et souvent à la fois véloces, chatoyantes, aériennes, perchées et quand je sors du parc, dans le rêve en allé et le temps retrouvé, où je retombe comme on fait une mauvaise chute, je serre contre moi les ombres des espèces massacrées, à jamais éteintes, le cupidon des prairies, l'ectopiste migrateur, le pic à bec d'ivoire, le caribou de

Dawson et celui qu'ici dans les Rocheuses quelquefois j'écoute dans un grand gémissement de
meutes, le loup des Rocheuses, éteint depuis
1940.

Tant d'autres... Chairs animales que
n'imagent et ne poursuivent plus que les trappeurs d'ombres...

Nous longions, en voiture mais à une vitesse
de procession, peur de troubler leur beauté
tranquille, le North Twin Lake et le South Twin
Lake, des jumeaux comme leurs noms anglais le
révèlent, quand montèrent, minces et gra-
cieuses, des fumées qui prenaient leur temps, si
calmes qu'on les aurait crues, aujourd'hui dans
hier revenu, échappées de *tepees*. Plus loin, à un
« point de vue » signalé, le regard plonge dans
une dépression où l'eau le dispute à une terre
ferme qui pousse là des lagunes et des
presqu'îles. Plein de canards, ce lieu dit
Grizzly ! Le pays des grizzlis, le seul animal qui
inspirait de la terreur aux Indiens et le seul que

le voyageur, qu'il terrorise aussi, ne découvrira pas dans le Yellowstone. Les derniers plantigrades de l'espèce. Cachés, comme si un caprice génétique leur avait gardé, à eux et à eux seuls, mémoire de massacres. Leur nombre ? Une misère : cinquante, contre plus de six cents bisons.

Quand nous franchirons, vers la sortie est du parc, dont nous ne sortirons pas, la Yellowstone River, non pas cette rivière dont la malheureuse homonymie entre le français et l'anglais provoque l'image, mais un fleuve — un grand fleuve — montera vers nous la puissante râpe des grenouilles, si nombreuses sur l'une et l'autre rive, comme nous le découvrirons bientôt, et aux gorges si bien accordées, que nous n'aurions pas été étonnés de surprendre, trouant l'eau du fleuve en son milieu, la baguette d'un chef d'orchestre grenouille et sous-marin.

Une fois encore sur un pont de la Yellowstone River, au retour, et une fois encore nous constatons que l'espace n'est plus le même. Il a changé dans le fleuve qui s'est élargi et s'offre à la fois bleu et blanc. Comme nous tentons de connaître la raison de ce voisinage de couleurs, nous découvrons que le bleu sombre est le reflet d'une forêt là-bas au loin et à perte de vue, le blanc celui de l'éperon enneigé d'un pic dominateur et avancé. Magnifique.

Comment dire ? L'espace dans le Yellowstone n'est pas un espace, mais un mouvement. Sans cesse il avance et sans cesse il recule. Le plus beau ? Quand il recule : alors il s'éploie, se déploie, et il ne s'est retiré à la façon de la mer qu'à la seule fin d'enchâsser. Quoi ? Ici, un grand lac bleu qui tourne autour d'une île hérissée d'arbres. L'espace s'est tellement replié, a tellement bien fait le vide (de brumes, de ses masses sombres dans le ciel, de nuages...) que ses limites sont celles que dresse la haute montagne. Bleue, ici de même. Quand, comme ici encore, la lumière (elle est faite pour s'accomplir dans l'immense) est de la partie et inonde l'espace de l'espace, le voyageur doit s'arracher au spectacle.

Dans le magie et la beauté, le Yellowstone.

Souvent, grâce à lui, je suis Noé dans ce tableau de Roelant Savery (1576-1639), au musée des Beaux-Arts de Reims, où il remercie Dieu d'avoir sauvé la création, que j'identifie au Yellowstone. Sur une piste où nous avons choisi de nous enfoncer, au cœur de la forêt, en nous éloignant des routes qui traversent le parc, des bouses (quand j'aurais préféré, assurément plus nobles, des laissées d'ours) semblent, à nos yeux d'Indiens (un peu, trop peu...), de plus en plus fraîches et la vue soudain nous saisit, à dix mètres, de cinq bisons en compagnie de trois élans, tous indifférents, à ce détail près que les bisons gardent la tête baissée quand les élans, qui l'ont relevée, nous regardent et, rassurés — pas de drame, des hommes ! —, replongent dans leur mastication.

Puis Cule Creek, un lac : la neige avec ses plaques persistantes à la surface de l'eau, et la glace avec elle aussi ses plaques ajoutent à l'ordinaire beauté des rives et de l'eau celle que provoque un embâcle en train de se défaire, mais si acharné à survivre — nous sommes à la fin du mois de juin — que nous goûtons quelque chose de polaire. Ce Nord est un Grand Nord.

Comme nous approchons, cette fois pour quitter le Yellowstone, de la sortie est, nous longeons d'interminables flancs instables de montagnes. Ils dévalent vers la route leur terre meuble, leurs caillasses en équilibre scabreux. L'inclinaison torte et un peu triste des arbres, comme des vieillards, est l'œuvre de cette terre agressive, qui pousse, sans doute à dessein de la bouleverser, vers une forêt.

Au sommet de cette route, nous sommes à trois mille quatre cents mètres de hauteur, d'où nous plongeons dans la Shoshone National Forest.

Shoshone : mot de magie. Enfant, j'ai souvent été avec les Shoshones mais comment aurais-je pu imaginer que je retournerais, adulte, chez eux, un jour ? Là, dans le Wyoming, hier dans l'Idaho, demain dans le Montana où ils habitaient et couraient. Chez eux où, un matin de 1804, nous sommes arrivés, Clark et Lewis, les grands capitaines découvreurs de l'Ouest au cours de cette première expédition qui porte leurs noms, à jamais, les premiers Blancs à découvrir le pays, les premiers Blancs à le parcourir et à le révéler au monde qui, depuis lors, n'est plus le même..., Clark et Lewis, donc, plus Sacajawea et moi... Tous les quatre. Sacajawea ? Fabuleuse jeune femme, faite pour l'Histoire et pour la fable, double destinée qu'elle accomplit à la perfection, dans le temps et dans l'éternité, vivante dans sa vie hier, vivante aujourd'hui dans sa légende. Sacajawea, la femme-oiseau. Belle. Oui, enfant, j'ai été avec elle, à ses côtés, presque plus encore qu'à ceux

de Clark et de Lewis. A ses côtés malgré son
infâme Canadien français de mari que nous
surprîmes à la battre, une fois, Clark, Lewis et
moi. Cette remontrance au mari ! La brute n'a
jamais recommencé, qu'elle a quittée, d'ailleurs,
un jour pour toujours. Malgré aussi Baptiste,
leur petit né pendant l'expédition et que Clark
surnommera Pomp. Elle le portait dans un
berceau dorsal, à la mode indienne. Mon plus
beau jour avec eux. Non, deux. Deux jours. Le
premier : quand nous sommes arrivés chez les
Shoshones, que Sacajawea n'avait plus revus
depuis treize ans pour cette simple raison que
des Minnetarees l'avaient enlevée. Reconnue
aussitôt par les siens et par son frère, devenu
chef, Cameahwait, c'est-à-dire Celui qui ne
Démonte Jamais — ne voilà-t-il pas que le frère,
pour embrasser sa sœur, saute à bas de sa
monture, sous les yeux ébahis des Shoshones
qui ne se souvenaient pas avoir vu marcher ce
cavalier fou d'équidés... Le deuxième jour :
quand, avec les bêtes indispensables que, grâce à
Sacajawea, Clark et Lewis avaient louées aux
Shoshones, nous avons franchi les Rocheuses.
Moi, d'un coup, là-haut, avec Clark, Lewis et
Sacajawea, à côté d'eux, dans l'éblouissement
qui monte de l'Ouest...

A travers la forêt nous allions vers Cody, désormais à l'extérieur du parc, dans un paysage de brutes collines de pierres à vif où s'acharnait à pousser une végétation de maquis, résurgence de l'Arizona de *La Pierre et le Saguaro*, ici et inattendue, avec dents, éperons, pics sans calottes de neige, pierre nue et dure, terre érodée et brûlée : une espèce de *badlands* à hauteur des yeux, juste après la fraîcheur verte du Yellowstone !

Puis nous fûmes à Cody — la ville de Buffalo Bill. Pas de raison sociale à Cody, qui ne se réfère à lui, ne se place sous son patronage, ne l'évoque, ne le flatte, ne lui invente toutes sortes d'exploits et ne fabule à son propos — en omettant de rapporter sa contribution à l'écocide du bison : il en a tué, sur dix-huit mois, quatre mille deux cent quatre-vingts, ce qui fait soixante-quinze victimes par jour. Pendant un an et demi et tous les jours ! Nulle mention non plus d'un autre de ses exploits : le meurtre du chef indien Main Jaune (Yellow Hand), et le scalp qu'il lui prit.

Cody, selon le patronyme même du futur Buffalo Bill ou, mieux, B.B. A Cody tout est à la gloire de B.B., du cendrier au stylo et au slip. Que si vous retirez de l'argent à une billetterie, il vous est offert, en prime, un faux dollar à l'effigie de B.B. Souvenir...

Cody, à presque deux mille mètres d'altitude, est entourée de montagnes dont les pics portent à plus haut encore. Magnifiques. Comme si Cody cherchait dans la lumière du ciel à se laver des souillures que les magasins à babioles accumulent, dans le souvenir surexploité de B. B. et durant toute la journée que nous passâmes là, nous n'avons eu d'yeux, au sortir des musées et dans la proche campagne (l'Ouest...) aux portes mêmes de la ville que pour les nuages et leur goût prononcé des pics, où ils s'enroulaient, superbes, intensément évocateurs, comme châle et chat, sédentaires ceux-là quand d'autres ne cessaient de voyager qui, comme nous, obéissaient à l'historique, pressante et grisante injonction : Go West !

Où nous ne cessons d'aller.

A la sortie de Cody, une chaîne de montagnes offre des alpages si beaux — grandes et vastes surfaces vertes sous le soleil — que j'ai dit de son herbe : « J'en mangerais... » En hommage au bison je l'eusse fait — un peu.

A quelques kilomètres de Cody, sur la route du retour vers le Yellowstone, nous entrons dans le Buffalo Bill (encore !) Park qui enferme un paysage dont la merveille pousserait dehors les occupants les plus blasés d'une automobile : un ciel bleu qui est une rade parce que les nuages affectent tout à fait la forme de navires assemblés en une escadre, une mince ligne de nuages effilés et noirs, ceux-là, et donnant l'illusion du port. J'aurais tant aimé connaître le mystère de cette halte, s'ils gagneraient, comme ailleurs la pleine mer, le plein ciel, ou si la nuit les coulerait.

Nous suivions la Shoshone River, souvent déchaînée, son eau verte dans le paysage à la démence recommencée de roches à nu et, sur le flanc hostile de la pierre, la forêt qui les a conquises de hargne — avec ce qui est pour moi l'une des grandes séductions du monde : les hautes montagnes dans la robe bleu-noir que leur fait la fin de l'après-midi et que le lever du soleil, l'altérant avec peine, ne dissipera qu'en forçant ses feux. Quand la brume les couronne, mon cœur bat. J'aimerais être l'adulte d'un enfant que je serais resté et je me raconte : quand, dans le Yellowstone, le soir qui tombe noie d'encre noire la forêt, de bleu la haute montagne et les eaux du lac, de rose le lointain, alors...

Le Yellowstone National Park regorge de

grandes dépressions et cuvettes, toutes en pente douce, avec de l'eau croupissante de fondrières où s'ébattent des oiseaux aquatiques. Pas d'arbres ici car les pluies qui coulent sur les versants ne pénètrent pas le sol. De même l'eau de la neige. Comme nous retrouvons la Yellowstone River, nous suivons la course d'oies du Canada, plusieurs couples qui battent des ailes sur le fleuve, puis survolent un troupeau de bisons où, à la jumelle, nous leur découvrons, entre les pattes, une grande agitation de passereaux...

A Artist Point, un canyon immense et profond immensément, peut-être l'une des plus grandes cicatrices de l'Ouest, à la surface et aux flancs labourés, torturés, laminés, fissurés, avec des formations rocheuses qui montent de partout, du fond et des bords, pierres à pointes, monolithes à pointes groupés en nids creusés d'évidements, hérissés de dents, soulevés de rostres, tendus de couteaux et, se projetant dans le canyon, l'une des plus impressionnantes chutes du Yellowstone, riche d'une eau que l'on ne peut imaginer qu'inépuisable, qui frappe en hurlant les aires d'aigles dans le lit même du canyon, la force de la gifle assurant le rebond d'une écume où se mêle la vapeur issue des sources chaudes et des geysers. Cette cascade du Grand Canyon de la Yellowstone River, à Artist Point, c'est encore et toujours le Yellowstone lui-même, le fleuve, ici dans une gorge car il prend toutes les formes que la pierre décide. Plus bas, emprisonné, je le découvre, dans le corset impitoyable où elle le comprime — et lui, anonyme comme un fil.

A Tower Fall, l'eau du Yellowstone est limoneuse. Une colline le surplombe, que semble retenir une ceinture horizontale de hauts rectangles verticaux, évocateurs des madriers d'une cabane de trappeurs... La beauté de cet ensemble tient à ces rectangles découpés, où sans cesse s'accuse la ceinture... A Calcite, une montagne plonge ses parois de calcite dans le fleuve : une matière blanche et veinée de vert, qui dégage la méphitique odeur, si répandue dans le parc, du soufre. Calcite, un canyon encore et toujours. Comme partout les bisons et partout ce paysage de dépressions, avec un sol miné de trous où affleure l'eau stagnante et, surplombant les collines à mi-distance, les grands massifs enneigés au loin.

Car les Rocheuses, dans le Yellowstone, ne se laissent pas oublier longtemps.

Jim Bridger, en quête de castors — de l'or

vivant pour les trappeurs —, n'est pas le premier Blanc à s'être aventuré dans le parc. Cet honneur à John Colter qui, seul et à pied, accomplit huit cents kilomètres dans le pays du Yellowstone. C'était en 1807. Treize ans plus tard, Jim Bridger. Il raconte, et on l'accuse vite de gros mensonges, des montagnes qui « sont de verre pur », de même « un fleuve qui coule si vite que, sous la surface de l'eau, ça chauffe », des « arbres pétrifiés » — juste la dernière de ses observations, et les deux premières ne sont qu'exagérées... Où il déraillait : racontant que, sur les arbres pétrifiés, se perchaient des oiseaux qui, « de même pétrifiés, chantaient aussi ».

Et nous fûmes à nouveau dans cette partie du Yellowstone que j'appelle le pays des arbres brûlés, sur la route, ici, qui mène à Mammoth. Non pas le feu seul mais la violence du feu : des souches, par champs entiers, étaient noires jusqu'au cœur de leur bois mort, révélant que la rupture s'était accomplie par fracture comme si le tronc, loin des racines, n'avait pu se porter plus longtemps, à un moment, et qu'il se fût résigné à tomber de son haut, s'arrachant à la souche comme le bras au moignon — spectacle que la forêt répétait mille fois, à chaque emplacement d'arbre, et quand on examinait la surface des moignons, là où naguère l'écorce avait bourgeonné, on découvrait que le feu s'était acharné, peut-être attisé par le vent et qu'il avait multiplié et éparpillé ses foyers, acharné à brûler partout, comme un tortionnaire malade. Je l'imaginais, sans autre instrument que son souffle, tisonner, fourgonner, fumeronner, activer, réveiller, relancer. Une fois, nous traversâmes une véritable forêt fantôme qui offrait ce spectacle étrange de fûts noirs et de branchettes blanches. Les excroissances allaient dans tous les sens sur le tronc, partout ramifiées sans que je fusse à même de comprendre si l'arbre reprenait une espèce de vie ou si le feu développait là une pathologie à lui.

Dans la partie occidentale du parc, celle que le feu a le plus ravagée, la forêt avait perdu, et pour cause, cette densité qui lui vient de son feuillage. On ne pouvait dès lors que la distinguer, saisissante, dans son alignement de grands squelettes nus et livides sous le ciel noir. Ce spectacle à vingt-cinq kilomètres d'Old Faithful Inn.

Le Yellowstone après l'incendie : cimetières de morts debout ou cimetières de nains.

Au fil des visites, nous acquîmes une espèce de science, qui nous amène désormais à distinguer : 1) les morts brûlés, ou grands brûlés ; 2) les roussis, ou brûlés au troisième degré et morts, je suppose dans une agonie plus lente ; 3) les rescapés, miraculés qui s'efforcent de prospérer ; 4) les nouveaux venus, que l'on a plantés et qui ont regagné ce que les morts de la génération perdue naguère offraient : écorce, pousses — pour ne rien dire de la sève... Une dernière catégorie : 5) les pétrifiés, morts depuis des millénaires, métamorphosés en pierre, vivant de leur vie minérale et indifférents au feu, qui ne les atteindra jamais. Mornes les morts par incendie — quand ils brillent, eux.

Franchi un torrent, nous abordons une prairie marécageuse. A l'une de ses extrémités montent, innombrables et par grands jets intermittents et convulsés qui les poussent et les chassent, des fumées. Saisissant.

A Lower Geyser Basin, qui est la plus grande concentration de geysers du parc. Fumées par vagues ou vagues de vapeur et vagues vapeurs qui semblent ne jamais décoller du sol. Vrai qu'elles se dissolvent vite et que la terre humide et barbouillée, sulfureuse et cuivrée, tachée de jaunâtre, méphitique, répugnante, sale de couleurs pas nettes, en pousse d'autres, sans arrêt, comme un souffle qui sans arrêt encore reprendrait souffle et, sans arrêt toujours, soufflerait. Partout où le regard porte, des fumées en l'air comme un soufflet de forge ou une locomotive miniature qui halèterait. Toute la partie occidentale du Yellowstone fume ce matin, comme tant de matins, affairée : à son affaire de fumée et indifférente. Au bord de la Gibbon River, les geysers se succèdent à un rythme que le voyageur, pour un peu, trouverait éprouvant.

A Old Faithful Inn, les déchaînements du Great Geyser. A intervalles réguliers, qui attirent les foules averties, il éructe et pousse haut sa rage chaude. Plus loin, après Old Faithful Lodge, le Geyser Basin s'active au bord de la Firehole River (le fleuve du Trou du Feu) et ces fumées qui montent de partout me portent aussitôt chez les Sioux de *Little Big Man*, là-bas dans le Dakota et à l'orient du Yellowstone, où Dustin Hoffman a cent vingt et un ans. Rêve...

Roches veinées de jaune et les glouglous d'une eau turbide qui dévale le long des lits que les torrents lui ont creusés — et toujours, toujours l'eau qui fume ou bien elle est invisible, en forme de minuscules gouttelettes à la surface poreuse de la pierre nicotinisée à mort — et là encore elle fume ! La vue des travertins me laissera toujours sans voix. Les travertins ? Ces

138

banquises de roche blanche ou jaunie qui empruntent aux squales leurs grandes bouches relevées sur de hautes dents et font un dense rideau. Sur des surfaces de roches, ce mélange de couleurs : le gris, le vert, le vert-de-gris, le marron, le noir et l'opalin et le bleu. J'en passe — et sur les roches que l'eau imbibe de son eau et voile de sa fumée le vent joue, qui les disperse, de sorte que toute la journée le paysage tour à tour se voile et se dévoile comme une grande femme imprévisible.

Et je fume et je fume.

Sur des passerelles de bois aménagées, au milieu de fumées, fumerolles et mofettes qui nous aveuglaient, dont il nous fallait émerger, nous avancions, nous aidant des lisses, dans une terre thermale et craquelée, rongée — et je fume et je fume... La forêt, au loin, le temps s'étant levé après une forte pluie, s'offrait par plaques violettes.

Nous distinguions, en marge des craquèles ou des crevasses, comme du sable où le vent formait des chevrons et où, malade assurément, l'eau pourtant était belle, qui affleurait. Un peu plus loin, dans la lumière du soleil revenu, le spectacle s'offrait de teintes de cuivre, de miel et d'or. La pierre neutre s'était métamorphosée en pierres gemmées, avec des filons, des coulées qui la traversaient et, sur l'eau stagnante qui les recouvrait, en coulait une plus vive — de sorte que j'ai vu, moi, l'eau courir sur l'eau. Cet endroit, selon un écriteau, composait des lits d'algues. On remarquait aussi comme des surfaces intérieures d'huîtres, la pierre prenant des formes molles de montres Dali et des tons de chair livide... Le vent, qui tournait, dérobait telle surface de couleurs pour révéler telle autre, qu'il cachait derechef — inlassable et se distrayant avec dix couleurs... J'ai vu se juxtaposer l'eau suintante, l'eau courante, l'eau croupissante, l'eau morte, l'eau vive et, à Opal Pool, la fumée monter d'une eau calme d'opale, au bleu de ciel inaccessible...

En regagnant, un soir, Old Faithful Inn par la route que nous avions prise le matin, soudain le Fountain Painpot Trail : toujours la terre mouillée, crayeuse mais l'eau, ici, frétille et, toujours en suivant un chemin sur des lattes de bois, voici les Fountain Paint Pots. Incroyable ! De l'eau qui, d'un grand antre de terre, explose, glouglloute, troue la surface en détonations continues et fume sur une terre ici toute rose... L'apothéose : la mer, à des milliers de kilomètres de la mer. Son grondement, son vacarme obsédant de ressac lorsqu'elle se déchaîne et frappe, ne se reprenant que pour de nouveau frapper. Cette fureur ? Fountain et Morning Geysers, peut-être la plus forte éruption de tout le Yellowstone... Derrière, à côté, le Jet Geyser, qui tout à coup s'enflamme, gronde, pousse son eau — et tout ce bouillon de tous les côtés jaillissant, qui s'élève et lance des fumées que le soleil, où elles semblaient aller, transperce de sa lumière dans ce grand bruit éclaboussé de mer à trois pas...

Dans la magie et la beauté, le Yellowstone.

Nous avions décidé de le quitter à Black Sand Basin, après le spectacle qui nous attendait, comme nous le savions, pour l'avoir vu lors du voyage précédent : des jets si puissants qu'ils projetaient haut et loin des flèches retombant en gouttelettes, dont profitait le soleil pour, dans une succession d'éclairs, les saisir de lumière. Sur la route qui nous éloignait du Yellowstone je dédiai une longue pensée recueillie à l'Esprit des Eaux.

Et je fume et je fume.

Puis nous arrivâmes, à près de trois mille mètres de hauteur, devant une pancarte qui indiquait : *Continental Divide*.

Longtemps je n'ai pas su imager le *Continental Divide* : expression par laquelle, aux Etats-Unis, on désigne la ligne de partage des eaux. Facile ? Imagez, vous, que partout en Amérique l'eau de pluie tombe à droite ou à gauche d'une certaine ligne qui peut passer là dans une rivière, ici derrière un rocher, ailleurs devant un arbre ou sur un à-pic, à travers des broussailles — partout. Le *Continental Divide* ? Le furet de la chansonnette : il court, imprévisible, insaisissable... Rien ne détourne cette ligne, sinueuse, fureteuse (justement...), compliquée — si simple pourtant. De chaque côté de la ligne, un bassin. La pluie se répand soit à l'ouest de la ligne et elle ne peut emplir que le seul bassin occidental, qui, par les fleuves de l'Ouest — Columbia, Colorado... – la poussera jusqu'au Pacifique, soit l'est de la ligne lui échoit et, au contraire, elle se déversera, par Missouri, Platte et Arkansas interposés, dans le golfe du Mexique et l'océan Atlantique. Le partage est d'une rigueur absolue. Inutile de chercher à imaginer un destin de goutte fantasque ou aventureuse qui échapperait à la loi implacable... Impossible. Ou l'ouest ou l'est. Les gouttes de pluie, en Amérique, ont un destin programmé.

Nous longions le Lewis Lake, à quarante kilomètres du Grand Teton National Park, dont nous découvrions les cimes. La route suivait la Lewis River, qui tantôt coule au fond d'un canyon à certains endroits très profond, tantôt s'élève à notre hauteur, fleuve semé en son milieu d'îles boisées, multiples et toutes en longueur de sorte que, sur les parties de la route parallèles au canyon, nous avions l'impression, étrange et suggestive, de dépasser un convoi à l'arrêt.

En nous penchant, nous devions découvrir, là encore, les ravages du feu. Les deux pentes du canyon étaient en fait calcinées. Interrogé, un garde me révéla que des brandons s'étaient projetés du feu originel sur la rive occidentale, au-dessus des cinq cents mètres qui font la largeur de l'abîme, en direction de la rive orientale et j'ai aussitôt imagé ces aéronefs enflammés, les uns par manque de souffle vite à bout de course et précipités dans l'eau du canyon, qui les noie, les autres atterrissant sur les pentes boisées où, aussitôt, ils portent le feu, dans une succession inlassable de brandons qui volent, se posent et incendient. Le feu avait poussé sa désolation jusqu'au plus profond de la gorge, ne s'arrêtant qu'à l'eau.

Je m'étais demandé par quelle dernière image je prendrais congé du Yellowstone : la voici. Dans une échancrure d'arbres géants, un pic — par définition géant et quand bien même, par définition encore, il ne montre de son grand corps que l'extrémité supérieure. Nous cherchâmes le corps, sinon à la base, en tout cas le plus près du sol, le trouvâmes, nous sembla-t-il et entreprîmes le long de sa masse un alpinisme du regard qui nous porta, la cime des arbres dépassée, jusqu'à lui, redécouvert dans la lenteur, et savouré.

Dans la beauté et la magie, le Yellowstone.

Nous étions, aux portes de la Southern Entrance du Yellowstone, à deux mille deux cents mètres de hauteur. Le Grand Teton National Park lui succède aussitôt.

Grand Teton. Mots de magie. Déjà, le téton — mais grand, de surcroît ! Quand je découvris l'expression, entre enfance et adolescence, dans le Grand Larousse, elle me chavira. Hélas, pas de photo et trois mots bien secs pour dire que le

Grand Teton est une chaîne de montagnes. Je suppose que j'ai chaviré pour d'autres vocables, dont le souvenir me reviendrait, si je cherchais, mais celui-là ne m'a jamais quitté et quelque chose en moi le magnifie. Grand Teton ! Le singulier me tracassait. Où, l'autre Teton (l'autre téton) ? Invisible ? Victime d'une ablation ? D'un arasement ? Ou si grand ce Teton que la poitrine de la montagne n'en offrait pas d'autre ? J'imaginais la montagne du Grand Teton s'arrondissant, le bout du sein au bout, montagne pour caresses. J'ai caressé.

Cinq minutes après l'entrée dans le parc, sur la droite une chaîne s'élève, couverte de neige, et domine une forêt noire qui elle-même surplombe un lac. Immense, et chargé de canards, il se porte jusqu'à la route.

Jackson Lake : on le longe des kilomètres durant. Interminable. Il nous paraît que ce parc du Grand Teton assemble plus de montagnes, plus de hauteurs en moins d'espace que le Yosemite. Impression souvent confirmée : ici un maximum de montagnes, ramassées dans un minimum d'espace. On se croit à leur pied alors qu'elles sont fort loin. Saisissant, ici, avec cette longue ligne brisée, dentelée, escarpée, hérissée, tout en pointes qui s'élèvent, toutes indépen-

145

dantes les unes des autres car la base de chacune d'elles, séparée des autres, lui appartient en propre — mais une chaîne que l'on serait tenté de décrire « ininterrompue » n'était qu'elle ne pousse pas, quand même, jusqu'à nous. Restriction qui n'en souligne que mieux l'ampleur.

Grand Teton : soit que mon fantasme d'enfant ait brouillé son image, soit que les images des livres, plus tard, m'aient convaincu moins de la réalité érotique du Teton que de la maladresse des photographes, ou d'une pudeur idiote, toujours est-il que je m'étais fait, de lui, une représentation qui ne pouvait, sur le terrain, que m'égarer. Ce qui arriva. Je crus le reconnaître à différentes reprises, dont une fois dans Mount Moran, qui présente une inflexion où je voulus voir un creux de seins, peu sûr de moi, quand même, tellement le téton, là sur telle et telle cime, me semblait imparfait, téton bien vague — quand enfin nous le reconnûmes : non pas au téton mais à l'air de famille qu'il présentait avec des photographies de lui dans des albums que j'avais feuilletés, au cours de ce voyage en particulier. Ce matin-là, une brume légère lui faisait un corsage délicat et impénétrable — le corsage le seul élément érotique qui s'attache au mal nommé Grand Teton, qui n'est rien d'autre qu'une succession, au demeurant superbe, de pics, trois pics, chacun poussant dans le ciel gorgé de cumulus une pierre dure et effilée... Trois tétons, donc. Quand la brume se fut dissipée, nous convînmes que rien, jusqu'ici dans les Rocheuses ou ailleurs, ne nous avait présenté cette netteté hardie de formes comme découpées à la scie par une main qui n'aurait jamais tremblé — remarque qui s'appliquait à tous les pics, surtout aux plus hauts d'entre eux, qui semblaient être l'objet d'une formidable pression partie de la terre.

A la réflexion, oui bien sûr le Grand Teton, qu'il faut alors imaginer et imager vertical et triple, ce qui refroidit l'inclination érotique et la hasarde sur de bien douteux chemins. Oui, c'était lui. L'expression Grand Teton, au fil du temps, n'a jamais été précisée. Elle est la trouvaille d'un trappeur français au XIXe siècle, comme l'Ouest en a tant vu passer, en si grand mal d'amour sans doute qu'il voyait des seins partout, et a placé là celui-là, l'habillant (le déshabillant si mal...) d'une expression dont il ne se doutait pas de la pérennité. Peu au fait de la physiologie féminine, ce trappeur obsédé, myope et généreux (trois tétons...) m'aura long-temps trompé.

Grand Teton, mots pour fantasmer, mots de magie.

Où les Américains, eux, ne trouvent ni fantasme ni rien : ils prononcent *Ti-ton* — adieu les seins — même pas *Titan*, où la montagne, à défaut d'être femme, eût été reconnue dans un géant.

Quand même : dans la beauté et la magie, le Grand Teton.

Sur la Teton Road en direction de Moose et de toujours plus hautes montagnes toujours plus enneigées, nous retrouvâmes la Jackson. Une route sur la gauche indiquant Mountain Summit, nous la prîmes, pour voir, pour savoir — heureuse inspiration car nous devions, au sommet du Summit où nous mîmes pied à terre, découvrir, dans la stupéfaction, une immense cuvette plane à nos pieds mais plongeant loin sous nos pieds et s'étendant loin, jusqu'aux Rocheuses et cette cuvette enfermait, en les déployant, une prairie, des forêts, des lacs, des collines, des pistes, ces éléments multipliés sur des centaines de kilomètres — avec, au fond et comme la carte nous l'apprit, la Snake.

Le Serpent depuis longtemps perdu, retrouvé ici et qui peut-être à un moment de sa course doucement s'enroulait, comme d'un bras amoureux, autour du Grand Teton...

On distinguait quelques formes çà et là, d'évidence perdues encore que proches sans doute de routes (mais proches à l'américaine, ce qui implique une distance à notre esprit d'Européens vertigineuse...) mais, de si loin et de si haut, nous ne savions pas vraiment...

Une fois, dans un autre voyage, traversant un Wyoming désert, sans rien ni personne j'avais, frappé par ce rien, entrepris de recenser, sur cent kilomètres, les traces de l'homme, là le trou d'une mine de calcium, ici une haie... Moins de cinq traces — sur cent kilomètres ! — dont un village — le seul « au tournant qui vient de nulle part et ne conduit nulle part », selon le serveur de boui-boui, qui m'avait en outre raconté des blizzards terrifiants.

Observant ce paysage presque irréel par sa grandeur, sa vastitude, sa solitude, sa beauté, je me disais que je devais me le mettre en tête à jamais, pour qu'il m'accompagnât toujours, comme bisons, comme séquoias, comme Crater Lake et Sacajawea... et je l'ai regardé, contemplé, détaillé, disséqué yeux ouverts, yeux fermés (puis ouverts de nouveau pour connaître si la photo intérieure avait bien pris), me disant :

c'est ça l'espace, enregistre l'espace, c'est ça l'horizon, enregistre l'horizon, ça la beauté, enregistre la beauté..., et je me suis juré que je tenterais, un jour, de traduire l'impression de force que donnait cette succession de parois qui semblaient défier le ciel, abruptes, sans complaisances, rudes, altérées, emboîtées les unes dans les autres ou, plutôt, s'éprouvant dans un voisinage multiple de plis, l'arête supérieure de chaque pli dépassant l'arête du pli qu'elle surmontait et se creusant un peu pour souligner de chacune d'elles le relief, en quelque sorte une montagne creusée de très hautes marches — ô, Rocheuses...

Dans la prairie au fond de la cuvette poussait une herbe à ras de terre et si loin que nous fussions nous en distinguions les taches belles, celles de leur couleur naturelle, d'une part et, de l'autre, des ombres qui s'étendaient sur elles et s'attardaient, les unes commandées par la projection des masses qu'elles prolongeaient, les autres par une raison qui tenait au soleil et nous échappait.

Nous suivions le Serpent le long de la South 89 en direction de Salt Lake City, dans un Wyoming pastoral et chaleureux, semé de *ranches*, truffé de mots et d'expressions hérités des trappeurs français descendus voici deux siècles du Canada, malheureux, nous, de trouver les petites villes toutes frappés du clinquant et du mauvais goût que produit la surexploitation de l'Ouest facile mais, par bonheur, nous retombions vite dans les prairies exubérantes de leurs jaunes dents-de-lion au pied des Rocheuses, la moyenne montagne boisée et herbue succédant sans transition à la prairie, et l'inverse, puis nous entrâmes en Idaho après avoir plongé de la Salt River Pass, à près de trois mille mètres d'altitude.

A Bear Lake (le lac de l'Ours), dans le pays des Indiens Pieds Noirs (Blackfoot), grande joie de retrouver, que nous suivons un temps, la Piste de l'Oregon. Plein de vignettes en moi sur la vie des trappeurs, je rate le panneau qui indique que nous sommes entrés dans l'Utah, passage dont n'aurait pas manqué de m'avertir ce paysage nu soudain de hautes falaises et une végétation austère de maquis. La pierre retrouvée. Entre le Sud-Ouest et l'Ouest, l'Utah est un Etat frontière et tampon. Par le Sud, il est dans *La Pierre et le Saguaro*. Par le Nord, dans ce livre.

L'Attrapeur d'ombres, qui a failli se terminer par l'évocation de Salt Lake City.

Les oiseaux fréquentent beaucoup la capitale de l'Utah. Le voyageur les entend, sans toujours les voir. Où il finit par s'étonner, c'est de toujours les entendre sans jamais les voir et, surtout, de les entendre là où d'évidence ils ne peuvent pas être : aux carrefours d'avenues rigoureusement vides d'arbres et où rien ne ressemble à une feuille ou à une fleur. L'explication tient à la main verte et à la main rouge. La main verte qui, après avoir clignoté, se fixe pour vous prévenir que vous pouvez traverser, et la rouge qui vous défend de le faire, sont doublées, tantôt du chant du coucou, tantôt de celui des passereaux. Par vent favorable, c'est grande musique et carillon d'oiseaux à Salt Lake City — et le bonheur.

A chacun de mes voyages, je m'arrange pour que ma chambre du Hilton donne sur la Wasatch Range dont les sommets de pierre nue, à plus de trois mille mètres, dominent la ville. La Wasatch Range ? Un élément des Rocheuses. De la fenêtre je les regarde longuement, les Rocheuses, que je vais quitter, triste et à chaque fois, comme plus haut dans le Grand Teton, je me dis : regarde-les bien... Image-les bien... Imprime-les en toi... Marque-les en toi... Fais-en des images, pour vivre. Conseils que je me donne pour me souvenir, bien sûr — mais il y a autre chose. Après quatorze séjours à Salt Lake City, la Wasatch Range des Montagnes Rocheuses en Utah est en moi dure comme de la pierre. Si je meurs, vous trouverez la pierre et l'image.

Mais je ne veux pas mourir. Peut-être y réussirai-je... Quand je me projette vers Shadow Catcher, il m'arrive de croire à mon immortalité avec autant d'assurance que l'enfant incrédule à l'idée de sa mort — si loin (pour lui...) qu'il ne pourrait la concevoir quand bien même le solliciterait-elle... Shadow Catcher : l'Attrapeur d'ombres. Cette deuxième expression, la traduction de la première à ceci près que Shadow Catcher est le nom de Shadow Catcher.

Mon ami et, à travers lui, l'un de mes plus beaux rêves réalisés. Quand, enfant en Avignon sous l'occupation allemande, je voyageais en Amérique, moi là-bas même pas une ombre

puisque je n'y étais jamais allé, moi pas même
une ombre là-bas puisque je n'y étais pas mort,
je me disais, sous l'influence des livres et de ma
langue natale, qu'entre tous les Indiens que je
rencontrerais, les Allemands partis, les Américains arrivés, mon pays retrouvé, je choisirais
alors de m'élire dans l'une des cinq tribus sui-
vantes : Gros Ventres, Têtes Plates, Folles
Avoines, Cœurs d'Alène, Nez Percés.

Sachant que je ne pouvais appartenir à
toutes...

Mots de magie. Mots si porteurs d'images...
Evident que pour moi, enfant, les Indiens Gros
Ventres étaient autre chose que les gros ventres
des gens de ma ville. Les Têtes Plates, eux,
jamais vus. Aux limites du pouvoir humain
d'imager. Fantastiques. Je pense que c'est vers
les Folles Avoines que je penchais le plus,
formidable trouvaille de trappeur français,
comme toutes les autres, mais trappeur poète
ou, mieux et peut-être plus juste, trappeur-
poète et je me demanderai toujours comment,
écartée la synonymie entre folle avoine et plante
sauvage, l'inspiration de ces mots s'était glissée
en lui — peut-être un Indien qui faisait le fou
dans un champ d'avoine, peut-être un Indien
dont la tête, dans un champ d'avoine, oscillait

comme une tige dont le vent balance la tête...
Cœur d'Alène : l'absolu. Je devinais que, plus
tard avec beaucoup plus de lectures et un bien
plus grand savoir, je ne comprendrais toujours
pas le mystère de cette création, deux mots qui
renvoient à des images que rien ne prédisposait
à se rencontrer, le cœur d'une part, l'outil du
cordonnier de l'autre... Si j'avais su alors ce que
je sais aujourd'hui des ombres, sans doute me
serais-je dit que, lorsque j'irais en Amérique, il
me suffirait de les solliciter... Je l'ai fait. Au pays
même des Cœurs d'Alène, j'ai cherché dans les
ombres du côté du cœur et j'ai évoqué celles de
l'alène. En vain.

Vers les Nez Percés le sort (ce qu'on appelle
ainsi...) m'a porté. Shadow Catcher en est un. Il
a quatre-vingt-huit ans et de mes amis indiens il
est celui que j'aime le plus. A chacun de mes
voyages dans l'Ouest je lui écris que je voudrais
le revoir et je l'ai vu à huit reprises, sur les
quatorze possibles.

Je lui dois ma science botanique. Elle a
commencé en langue américaine, un livre à la
main, qui recensait les plantes de l'Ouest — en
France je mènerais un difficile travail de traduction. Je sais aujourd'hui nommer en américain
l'épilobe, la verge-d'or, l'aconit napel, la léwi-
sée, la dauphinelle, la flamme-des-prés et la

pédiculaire du Groenland. Je demande : qui dit mieux ?

Je lui écris dans sa réserve de l'Idaho, une de celles où vivent les Nez Percés. Une fois, il m'a répondu deux ans après la réception de ma lettre. Je l'ai cru mort, bien sûr et je comprendrai, bien plus tard, qu'il avait agi ainsi à dessein, pour que je n'éprouvasse pas de différence entre sa vie et sa mort : si je l'ai cru mort alors qu'il vivait, où la différence, en effet ? Puisque mort (pensais-je...) il m'habitait aussi fort que de son vivant, où la différence, en effet encore ? Sur les enveloppes que je lui adresse, je me contente d'écrire : Shadow Catcher, le nom de la réserve, et Idaho. Les lettres lui parviennent toujours, où qu'il se trouve, parce que Shadow Catcher est partout, aussi mobile, aussi multiple que le peuple des ombres.

Pour des raisons pratiques, il fixe toujours nos rendez-vous dans un des Etats des Rocheuses. Il aime que j'abandonne à Cody la voiture qui m'a mené jusqu'à lui. La ville du bourreau des bisons et de l'assassin de Yellow Hand lui paraît le genre d'endroit où l'on doit, quand on est curieux des ombres, abandonner ce qui en contrarie la vision.

Le Wyoming est, de tous les Etats là-bas,

peut-être le plus riche en *solitudes* : je veux dire, mais on m'a compris, qu'il abonde en endroits solitaires, chacun isolé de tout sauf de son voisin, un autre endroit solitaire... Monte en vous et vous pénètre un sentiment aigu de solitude. Comme Ishi, la foule ici soudain, vous laisserait incrédule. Vous n'en croiriez pas vos yeux et vous auriez raison.

L'ensemble de ces endroits fait neuf cent mille hectares. Prodigieux. Ils composent un bassin où Shadow Catcher aime (c'est peu dire) se rendre et où il accède par des pistes difficiles. Je ne sais jamais ce qu'il va me découvrir quand il m'emmène. Un jour où souci l'avait pris de me renseigner un peu, il m'annonça une des plus belles scènes au monde, et qu'il s'agissait d'une scène, non pas d'un spectacle puisque, tout le temps qu'elle durerait, je l'entendrais sans la voir. A la nuit, au bas de la colline, le brame d'un wapiti descendit jusqu'à nous, que l'animal devait répéter toutes les quatre ou cinq minutes jusqu'à l'aube, me figeant de crainte, me pénétrant de mystère tandis qu'un autre wapiti, loin à l'autre bout du canyon, lui répondait, brame que, par une barrière des Rocheuses qui l'aurait renvoyé, j'avais pris pour un écho. Comme dans un orchestre différents instruments, les coyotes ajoutèrent leurs cris en staccato et eux aussi devaient animer la scène toute la nuit, jusqu'à ce sifflet désolé, à la dernière étoile partie, du grand duc de Virginie.

Pour belle qu'elle soit et si fort qu'elle m'ait marqué, cette scène dont je n'ai pas vu les acteurs, seulement entendus, de sorte que si ombres il y a, elles sont celles de leurs voix... elle ne vaut pas celle que je vais dire, à laquelle Shadow Catcher des heures durant m'avait préparé, sans que je m'en doute, en me parlant des Nez Percés, de leur paradis de la Wallowa Valley, en Oregon (moi, chaviré et mon savoir conforté : *Ore-goo-o-n-g*), où coulent — imagez la merveille ! — Eau Claire (the Clearwater), la Grande Ronde (en français au Wyoming !), le Saumon, le Serpent, tout ce pays entre les Cascades et les Rocheuses et où précisément ce paradis de la Wallowa Valley ? Dans une boucle de la Fraser, un autre fleuve ! Pays d'eau et de prairies et de canyons et de plateaux que les Nez Percés, expulsés par les Blancs, durent se résigner à quitter pour l'Idaho, certes pas mal l'Idaho mais pas leur pays natal et millénaire berceau de leur peuple, et là, regarde, regarde...

A vrai dire, cette injonction : « Regarde...

Regarde », Shadow Catcher me l'a soufflée plus tard et dans la nuit. Tout le long de la piste qui nous menait, je ne savais où, comme toujours, j'avais entretenu Shadow Catcher des propos de Wim Wenders lors d'une interviouve : « Aujourd'hui, l'Ouest redevient un désert. Il y a encore quelques autoroutes, mais les routes disparaissent, c'est trop grand, les gens prennent l'avion, toute la civilisation — les petites villes, les stations-service — est en train de rétrécir, si bien qu'on peut imaginer qu'il n'y aura bientôt plus rien, que l'Ouest redeviendra comme il était il y a deux cents ans lorsqu'il appartenait aux Indiens... », prometteuse analyse qui m'avait mis en jambes et en état de surchauffe, de sorte que, à cet endroit de la plaine où Shadow Catcher avait choisi de s'arrêter, dans la nuit qui tombait et le vent qui s'était levé, je n'avais besoin de personne pour regarder, ébloui, subjugué, l'Amérique guérie de la longue plaie noire de ses routes et soudain recomposée, retournée à son tissu originel... Au-delà de la lumière montée du feu que Shadow Catcher avait allumé, il n'y avait rien qu'un pays qui allait au bout du monde, qui était le monde dans les touffes de la sauge, les branches torturées de l'armoise, le vent qui balayait, et

c'est alors qu'il a dit: « Regarde... Regarde... »
et que j'ai vu, surgi de l'ombre, Chief Joseph
refuser d'admettre le vol de ses terres, prendre
la tête de ses Nez Percés, sept cent cinquante
guerriers, femmes, enfants et, en ce mois de
juillet 1877, diriger une retraite de 2 415 kilomètres à destination du Canada par l'Idaho, le
Wyoming (où il est entré, comme moi, par le
Yellowstone National Park et, comme moi
encore, dans ce parc par la Targhee Pass !...) où
Sitting Bull et ses Sioux, de l'autre côté de la
frontière, l'attendent... L'armée des Blancs des
mois durant en échec — « Regarde ! Regarde ! »
— ridiculisée par la savante manœuvre et je suis,
dans cette imagie affolante, de tous les engage-
ments (dix-huit), des quatre grandes batailles,
de toutes les escarmouches, tantôt Chief
Joseph, l'un des chefs souverains de la résistance
indienne, tantôt tel ou tel de ses lieutenants,
Foudre des Yeux (Thunder Eyes), Aigle surgi
de la Lumière (Eagle from the Light), Miroir
(Looking Glass) et, simple, mon préféré, Too-
hoolhoozote, moi guerrier parmi les guerriers,
mort parmi les morts, ombre parmi les ombres à
côté de Shadow Catcher qui s'était arrêté de
parler et se tenait là, radieux, glorieux, éternel
dans le passé des siens qui était son passé, dans

un même espace, sous un même ciel, dans le même vent joyeux à cingler les hautes herbes, à les coucher, à les redresser, coucher, dans le temps comme avant, d'où peut-être il ne dériverait jamais plus, Shadow Catcher, où dans le temps retrouvé et dans le temps suspendu il se tiendrait, Shadow Catcher, et moi avec lui, en lui dans ma mort déjouée en Amérique...

Et pour la vie, attrapeur d'ombres...

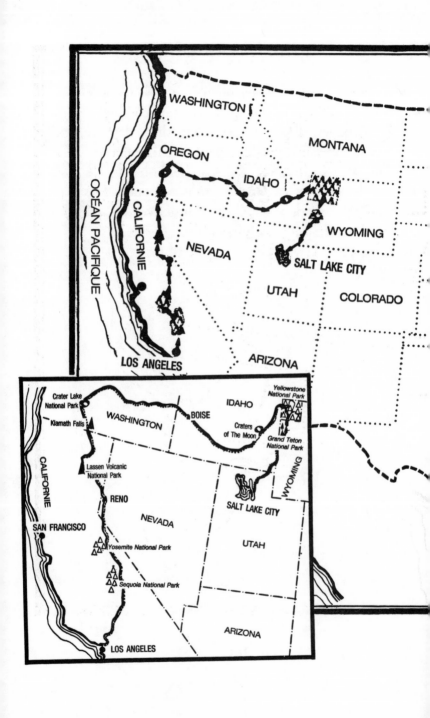

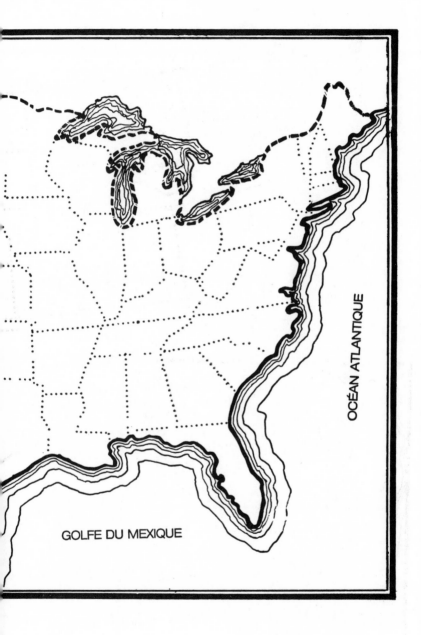

OCÉAN ATLANTIQUE

GOLFE DU MEXIQUE

Achevé d'imprimer le 18 mars 1992
sur presse CAMERON,
dans les ateliers de la S.E.P.C.
à Saint-Amand-Montrond (Cher)
et relié
aux Établissements Brun
Malesherbes

N° d'Impression : 678.
Dépôt légal : mars 1992.
Imprimé en France